EINFACH GUT

JUTTA PÖTZ (HRSG.)

TRENNKOST – GERICHTE FÜR BERUFSTÄTIGE

INHALT

LUST AUF TRENNKOST

Die Trennkost wurde von dem amerikanischen Arzt Dr. Howard Hay vor fast 90 Jahren entwickelt. Ihre positiven Auswirkungen auf eine gesunde Ernährung und das Wohlbefinden sind millionenfach erprobt. Vor allem Berufstätige sind besonderen Belastungen ausgesetzt. Eine ausgewogene Ernährung ist hierbei ausschlaggebend. Kennen Sie nicht auch die Leistungstiefs nach zu schwerem und falsch zusammengestelltem Essen? Die Trennkost macht es möglich, sich den ganzen Tag über – vom Frühstück über die Mittagspause bis hin zum Abendessen – gesund zu ernähren. Alle Gerichte sind auf die Bedürfnisse Berufstätiger optimal abgestimmt und lassen sich in der Regel leicht zubereiten. Die kurze Einleitung und der Trennungsplan sollen vor allem Neulingen helfen, sich mit dem Prinzip der Trennkost vertraut zu machen. Bis auf wenige Ausnahmen können Sie jedoch alle Lebensmittel verzehren, nur jeweils in die beiden Gruppen (Eiweiß- und Kohlenhydrat) getrennt.

INFOS ZU DEN REZEPTEN

Die Portionsangaben
Sofern nicht anders angegeben, sind alle Rezepte für 1 Person berechnet. Ausnahmen sind im Rezeptkopf angegeben.

Die Zubereitungszeiten
Die in jedem Rezeptkopf angegebene Zubereitungszeit umfaßt die Vorbereitungs- und Garzeit. Eventuelle Sonderzeiten, wie Zeit zum Ruhen, Zeit zum Quellen oder Zeit zum Marinieren, werden extra im Rezeptkopf ausgewiesen und müssen zur Zubereitungszeit hinzugerechnet werden. Alle Zeitangaben beruhen auf durchschnittlichen Erfahrungswerten. Etwaige Abweichungen können aufgrund der Beschaffenheit von Zutaten, Kochgeschirr und Herd auftreten.

Die Kalorienangaben
Sie beziehen sich in der Regel auf 1 Portion. Ausnahmen sind im Rezeptkopf angegeben.

Die Backofentemperaturen
Die Temperaturangaben beziehen sich auf einen herkömmlichen Elektroofen mit Ober- und Unterhitze.

Damit Sie auf den ersten Blick erkennen, zu welcher der drei Gruppen ein jeweiliges Gericht zählt, haben wir neben den Rezeptnamen die Charakteristika in verschiedenen Farben abgedruckt.

	= Kohlenhydratgericht
	= Eiweißgericht
	= neutrales Gericht

Die Abkürzungen

EL	=	Eßlöffel (gestrichen)
TL	=	Teelöffel (gestrichen)
Msp.	=	Messerspitze
Bd.	=	Bund
P.	=	Päckchen
ml	=	Milliliter
kcal	=	Kilokalorien
TK-...	=	Tiefkühl-...
F.i.Tr.	=	Fett in der Trockenmasse

Das Konzept der Trennkost verdanken wir dem amerikanischen Arzt Dr. Howard Hay. Er entwickelte diese Ernährungsform zu Beginn dieses Jahrhunderts und heilte mit ihrer Hilfe sein eigenes schweres Nierenleiden. Die enorme Wirksamkeit der Trennkost ist auf die Entlastung der Verdauungsorgane zurückzuführen. Der Grundsatz der Hayschen Ernährungslehre besteht in der Trennung von eiweißreichen und kohlenhydratreichen Lebensmitteln. Zusätzlich ist die Regulation des Säure-Base-Gleichgewichts im Körper und die Verwendung möglichst vieler naturbelassener Lebensmittel ein Ziel der Trennkost.

Dr. Hay empfiehlt, die täglichen Mahlzeiten zu 80 Prozent aus basenbildenen und zu 20 Prozent aus säurebildenden Nahrungsmitteln zusammenzustellen. Die meisten Menschen ernähren sich zu einseitig, nämlich durch übermäßigen Verzehr von eiweißhaltigem Fleisch, Eiern, Käse, aber auch poliertem Reis, geschältem Getreide sowie Zucker. Dies soll in der Trennkost vermieden werden. Durch diese Fehlernährung kommt es zu einer schädlichen Übersäuerung im Körper.

Das Prinzip der Trennkost beruht auf der zeitlich getrennten Aufnahme und Verdauung von Eiweiß und Kohlenhydraten. Die Umsetzung dieser beiden Nährstoffe erfolgt im Magen-Darm-Trakt an verschiedenen Stellen und mit Hilfe von unterschiedlichen Enzymen. Die Trennung der Eiweißgruppe von der Kohlenhydratgruppe führt zu einer Ordnung der Verdauungsprozesse. So werden Beschwerden wie Sodbrennen, Blähbauch, schlechte Verdauung und Darmträgheit vermieden. Dr. Hay hat die positiven Auswirkungen seiner Ernährungslehre am eigenen Leib erfahren und sein Trennkostprinzip hat unzähligen Menschen geholfen, ihre Ernährung erfolgsbringend umzustellen.

Die Trennung der Lebensmittel

Auf den Seiten 6 und 7 finden Sie einen Trennungsplan, der Ihnen den Einstieg in die Trennkost erleichtern soll. Grundsätzlich werden die Lebensmittel jedoch in drei Gruppen eingeteilt.

- Die Eiweißgruppe enthält Lebensmittel, die besonders eiweißreich sind.
- Die Kohlenhydratgruppe enthält besonders kohlenhydratreiche Lebensmittel.
- Die neutrale Gruppe enthält Lebensmittel, die weder die Eiweiß- noch die Kohlenhydratverdauung stören. Sie harmonieren sowohl mit der Eiweißgruppe als auch mit der Kohlenhydratgruppe und können ganz nach Geschmack kombiniert werden.

Die Einteilung der Lebensmittel erscheint Ihnen möglicherweise an manchen Stellen willkürlich. Sie basiert jedoch auf langjähriger Erfahrung. Wenn Sie sich einige Zeit nach der Trennkost ernährt haben, wird Ihnen die Aufteilung der Lebensmittel in die verschiedenen Gruppen in „Fleisch und Blut" übergehen, so daß Sie den Trennungsplan nur noch selten zur Hilfe nehmen müssen.

Der Umschalttag

Bevor Sie mit der Ernährung nach den Prinzipien der Trennkost beginnen, sollten Sie einen sogenannten Umschalttag einlegen. Dadurch regen Sie Ihren Stoffwechsel an und sorgen für eine gründliche Entschlackung. Nachfolgend finden Sie verschiedene Vorschläge für einen Umschalttag. Achten Sie dabei in jedem Fall auf eine ausreichende Flüssigkeitszufuhr (ca. 2–3 Liter pro Tag) in Form von natriumarmem, stillem Mineralwasser oder Kräuter- bzw. Früchtetee.

Gemüse-Salat-Tag

Essen Sie Salat und Gemüse in roher oder leicht gedünsteter Form. Dabei können Sie Salat und Gemüse in beliebiger Menge zu sich nehmen. Garen Sie das Gemüse ohne Fett und Salz in etwas Gemüsebrühe.

Obsttag

Bis 15 Uhr essen Sie so viel frisches Obst aus der Eiweißgruppe, wie Sie wollen. Ab 17 Uhr können Sie zwischen 2 Bananen oder 2 großen gegarten Pellkartoffeln auswählen.

Kartoffel-Gemüse-Suppen-Tag

Kochen Sie für diesen Tag eine Gemüsesuppe aus 3 Kartoffeln, 3 Zwiebeln, 3 Stangen Lauch, 1 Stück Knollensellerie und 3 Karotten. Geben Sie das gewaschene und zerkleinerte Gemüse zusammen mit frischen Kräutern und Gewürzen in einen Topf, füllen Sie mit Wasser auf und lassen Sie alles zugedeckt bei mittlerer Hitze kochen. Schmecken Sie die Suppe mit etwas Gemüsebrühe ab, und essen Sie sie über den Tag verteilt.

Tips zum Umgang mit der Trennkost

- Bereichern Sie vor allem Ihre Eiweißmahlzeit durch einen hohen Anteil an neutralem Gemüse oder Salat, um genügend basenbildende Nahrungsmittel zu sich zu nehmen.
- Verzehren Sie innerhalb einer Mahlzeit nur eine Eiweiß- oder Kohlenhydratart, z.B. Fisch oder Fleisch, bzw. Vollkornnudeln, -reis oder Kartoffeln.
- Nehmen Sie die Kohlenhydratmahlzeit bevorzugt abends zu sich, da Kohlenhydrate leichter verdaulich sind als Eiweiß.
- Die Trennkost bietet eine gute Gelegenheit, um abzunehmen. Sie essen viele pflanzliche Lebensmittel, die reich an Ballaststoffen sind und somit gut sättigen. Beachten Sie die Kalorienangaben in unseren Rezepten, und gehen Sie sparsam mit sämtlichen Fetten um.
- Verwenden Sie Gemüse, Obst, Kartoffeln sowie Fleisch und Fisch möglichst frisch und naturbelassen. So bleibt der volle Wert der Nahrung erhalten. Kaufen Sie in Geschäften ein, die für die Frische ihrer Produkte garantieren.

Der folgende Trennungsplan hilft Ihnen, die Nahrungsmittel in die Eiweiß-, Kohlenhydrat- und neutrale Gruppe einzuteilen. Bei Ihrer Kostzusammenstellung können Sie nun

• Lebensmittel aus der Eiweißgruppe mit denen aus der neutralen Gruppe kombinieren

• Lebensmittel aus der Kohlenhydratgruppe mit denen aus der neutralen Gruppe zusammenstellen.

Eiweißgruppe

gegarte Fleischsorten: Rind: Bratenfleisch, Rouladen, Gulasch, Steaks, Hackfleisch, Geschnetzeltes; Lamm: Koteletts, Keule, Rücken; Schweinefleisch zählt auch zur Eiweißgruppe, ist jedoch nicht empfehlenswert;

gegarte Geflügelsorten: Putenrollbraten, Putenschnitzel, Putenbrust, Hähnchen, Hühnerbrust, Gans, Ente, Poularde;

gegarte Wurstsorten: z.B. Bratwurst, Fleischwurst, Leberkäse, Rindwurst, Corned beef, gekochter Schinken, Geflügelwurst; Wurstwaren aus Schweinefleisch sollten nicht verzehrt werden;

ungeräucherte, gegarte Fischsorten: z.B. Seelachs, Kabeljau, Lachs, Rotbarsch, Heilbutt, Thunfisch, Makrele, Hering, Forelle, Hecht, Scholle sowie gegarte Schalen- und Krustentiere (Meeresfrüchte), z.B. Muscheln, Garnelen, Krebs, Hummer;

Sojaprodukte: z.B. Sojasauce, Tofu, mit Soja hergestellte Brotaufstriche;

Eier;

Milch;

Käsesorten mit höchstens 50% Fett i.tr.: z.B. Parmesan, Edamer, Gouda, Tilsiter;

gekochte Tomaten;

folgende Getränke: Früchtetee, Apfelwein, herber Weiß- oder Rotwein, herber Rosé, trockener Sekt, Obstsäfte;

Beerenfrüchte (außer Heidelbeeren): z.b. Erdbeeren, Himbeeren, Preiselbeeren;

Kernobstsorten (außer mürben, süßen Äpfeln): z.b. säuerliche Äpfel, Birnen, Quitten;

Steinobstsorten: z.b. Pfirsiche, Aprikosen und Kirschen; Weintrauben;

Zitrusfrüchte: z.b. Orangen, Zitronen, Grapefruits;

exotische Obstsorten (außer Bananen, frischen Feigen, Datteln): z.b. Mangos, Maracujas, Papayas und Ananas.

Neutrale Gruppe

Fette (außer gehärteten und weißen, festen Fetten, sog. Plattenfette): z.b. kaltgepreßte Öle, ungehärtete Margarinesorten mit hohem Anteil an mehrfach ungesättigten Fettsäuren (aus dem Reformhaus), Butter; auch schmalzähnlicher, pflanzlicher Brotaufstrich (aus Reformhaus oder Bioladen);

gesäuerte Milchprodukte: z.b. Joghurt, saure Sahne, Quark, Buttermilch, Dickmilch, Kefir, Molkosan;

süße Sahne und Kaffesahne;

Käsesorten mit mindestens 60% Fett i.Tr.: z.b. Doppelrahmfrischkäse, Butterkäse, Camembert, Rahm- und Butterrahmkäsesorten;

Weißkäsesorten: z.b. Schafs- und Ziegenkäse, Mozzarella, körniger Frischkäse;

rohe, geräucherte Wurstwaren: z.b. Bündner Fleisch, roher Schinken, Salami (alles möglichst nicht aus Schweinefleisch);

rohes Fleisch z.b. Tartar;

rohe, marinierte oder geräucherte Fischsorten: z.B: Schillerlocken, geräucherter Bückling, geräucherter Aal, geräucherte

Makrele oder Forelle, Räucherlachs, Matjeshering und Bismarckhering;
folgende Gemüsesorten: Auberginen, Artischocken, Avocados, Brokkoli, Blumenkohl, grüne Bohnen, Chicorée, Chinakohl, grüne Erbsen, Fenchel, Gurken, Knoblauch, Kohlrabi, Lauch, frischer Mais, Mangold, Möhren, Paprikaschoten, Peperoni, Radieschen, Rettich, rote Bete, Rosenkohl, Rotkohl, Sauerkraut, Sellerie, Spargel, Spinat, rohe Tomaten, Weißkohl, Wirsing, Zwiebeln, Zucchini;
Blattsalate: z.b. Champignons, Austernpilze, Pfifferlinge, Steinpilze;
alle Sprossen und Keime;
Kräuter, Gewürze und Zitronenschale;
Nüsse (außer Erdnüsse) und Samen: z.b. Hasel- und Walnüsse, Mandeln, Kokosraspeln, Sesam, Mohn;
Heidelbeeren;
ungeschwefelte Rosinen;
Oliven;
Eigelb;
Hefe;
Gemüsebrühe;
klare, hochprozentige Spirituosen;
Kräutertees;
Geliermittel: z.b. Gelatine, Agar-Agar, pflanzliche Bindemittel aus Johannisbrotkernmehl (aus dem Reformhaus oder Naturkostladen).

Kohlenhydratgruppe
Vollkorngetreide: z.b. Weizen, Roggen, Dinkel, Hafer, Gerste, Hirse, Grünkern, getrockneter Mais, Naturreis, Buchweizen;
Vollkorngetreideerzeugnisse: z.b. Vollkornbrot und -brötchen, Kuchen aus Vollkornmehl, Vollkornnudeln ohne Ei, Vollkorngrieß;
Kartoffeln;

folgende Gemüsesorten: Topinambur, Grünkohl, Schwarzwurzeln;
folgende Obstsorten: Bananen, mürbe, süße, Äpfel, frische Feigen und frische Datteln, ungeschwefeltes Trockenobst;
folgende Süßungsmittel: Frutilose, Honig, Ahornsirup, Birnen- und Apfeldicksaft;
Kartoffelstärke;
Weinsteinbackpulver;
Puddingpulver (ohne Farbstoff);
Carobe (gemahlene Frucht des Johannisbrotbaumes);
Bier.

Bitte meiden Sie:
weißes Mehl und daraus hergestellte Produkte, z.b. süße und pikante Backwaren, Nudeln, polierten Reis;
Zucker, Süßstoffe und daraus hergestellte Produkte, z.b. Süßwaren, Marmeladen und süße Brotaufstriche;
Fertiggerichte und Konserven;
getrocknete Hülsenfrüchte, z.b. Bohnen, Erbsen und Linsen;
Erdnüsse;
Preiselbeeren;
Schweinefleisch und rohes Fleisch;
Wurstwaren;
rohes Eiweiß;
fertige Mayonnaise;
Essig;
gehärtete Fette, z.b. herkömmliche Margarinesorten sowie feste, weiße Fritier- und Bratfette (Plattenfette);
schwarzen Tee, Bohnenkaffee, Kakao und hochprozentige Spirituosen.

Das Geheimnis körperlichen Wohlbefindens liegt in der ausgewogenen Zusammenstellung der einzelnen Mahlzeiten und einer Nahrungsaufnahme, die über den ganzen Tag verteilt wird. Mit Hilfe der Trennkost gelingt es Ihnen leichter, die Herausforderungen des Arbeitslebens zu bewältigen und auch nach der Arbeit noch genügend Energie für ein erfülltes Privatleben zu haben.

Frühstück
Vor der Arbeit ist häufig nur sehr wenig Zeit, um ein aufwendiges Frühstück zuzubereiten. Das trennkostgerechte Obstfrühstück bietet hier gerade für Berufstätige eine optimale Alternative. Schnell verwertbare Kohlenhydrate spenden dem Körper die Energie, die er braucht.
Wenn Sie Obst am frühen Morgen nicht so gut vertragen, können Sie sich auch ein vollwertiges Müsli mit gesäuerten Milchprodukten (Kefir, Buttermilch, Joghurt) zubereiten. Hier sollten Sie auf saure Obstsorten verzichten, da diese im Gegensatz zum Müsli zur Eiweißgruppe gehören. Wenn Sie ein herzhaftes Frühstück bevorzugen, greifen Sie auf Vollkornbrot mit wenig Butter und roher oder geräucherter Wurst oder fettreichen Käse zurück. Kaffee und schwarzen Tee sollten Sie meiden, da beide zu den säurebildenden Lebensmitteln gehören. Wenn überhaupt, sollten Sie diese Getränke mit Milch oder Kaffeesahne genießen.

Zwischenmahlzeiten
Vormittags etwa gegen 11 Uhr und nachmittags gegen 16 Uhr schleicht sich bei vielen Menschen ein Leistungstief heran. Um den bis dann leicht abgefallenen Blutzuckerspiegel wieder anzuheben, sollten Sie eine kleine Zwischenmahlzeit einplanen. So wird die Leistungsfähigkeit gestärkt und das Aufkommen von Heißhunger gebremst. Frisches Gemüse, Obst oder ein Getränk eigenen sich gut, da sie sich auch einfach ins Büro mitnehmen lassen.

Mittagessen
Wenn Ihre Firma eine Kantine hat, können Sie auch dort trennkostgerecht essen, indem Sie bei den konventionellen Drei-Komponenten-Gerichten (Fleisch-Kartoffeln-Gemüse) jeweils auf einen Bestandteil verzichten. Essen Sie beispielsweise Fleisch zusammen mit Gemüse oder Kartoffeln mit Gemüse. Vom Gemüse können Sie sich eine etwas größere Portion geben lassen. Dasselbe gilt auch für das Essen auf Dienstreisen und unterwegs. Auf diese Weise gelingt es Ihnen sehr einfach, sich den ganzen Tag über nach den Prinzipien der Trennkost zu ernähren.

Wenn Sie nicht auf das Angebot Ihrer Kantine zurückgreifen können oder wollen, wählen Sie aus den Rezepten im Kapitel „Zum Mitnehmen" die passenden Gerichte für sich aus. Wir haben dabei darauf geachtet, daß Sie die Mahlzeiten gut vorbereiten können und sie einfach am Arbeitsplatz essen können. Wenn Sie einmal nur sehr wenig Zeit haben, können Sie sich auch mit verschiedenen verzehrsfertig vorbereiteten Lebensmitteln behelfen. So sind z.B. für Eiweißmahlzeiten kalter Braten, hartgekochte Eier, Geflügelwurst, Käse, Joghurt und Obst eine schnelle Alternative. Dazu passen Salat oder Gemüse, an Salatbars in

Supermärkten schon geputzt und zerkleinert angeboten werden. Für Kohlenhydratmahlzeiten können Sie schon am Vortag gegarte Kartoffeln, Reis oder Nudeln mit Salat oder Gemüse kombinieren.

Abendessen

Im Kapitel „Hauptgerichte" finden sie zahlreiche Rezeptvorschläge für genußvolle und appetitliche Köstlichkeiten. Selbstverständlich eignen sich diese zum Teil etwas aufwendiger zuzubereitenden Gerichte auch als Mittagessen an freien Tagen oder am Wochenende. Wir haben die Zutatenmengen bei diesen Rezepten auf 2 Personen abgestimmt, da man abends häufig gemeinsam mit dem Partner eine entspannende Mahlzeit einnimmt. Trennkostgerichte können von jedem ohne Einschränkungen verzehrt werden. Sollte Ihr Partner jedoch Lust auf eine konventionell zusammengestellte Mahlzeit haben, so können Sie eine Kohlenhydratmahlzeit durch etwas Fleisch oder Fisch, eine Eiweißmahlzeit durch Reis, Nudeln, Kartoffeln oder Brot ergänzen. In keinem Fall brauchen Sie für sich und Ihren Essensgast getrennt zu kochen, und gerade das ist für Berufstätige ja besonders wichtig.

Noch einige praktische Tips

• Planen Sie schon am Wochenende, was Sie in den kommenden Tagen essen wollen. Eine wohldurchdachte Vorratsplanung und der richtige Einkaufsplan helfen, Zeit zu sparen und Streß zu vermeiden.
• Legen Sie sich von folgenden Lebensmitteln einen kleinen Vorrat an, damit sie nicht allzu häufig einkaufen müssen: Naturreis, Vollkornnudeln, Haferflocken, Vollkornweizenmehl, kaltgepreßtes Öl,

ungehärtetes Kokosfett, Gemüsebrühe (Instantpulver), Molkenkonzentrat (Molkosan), Gewürze und Meersalz, Zwiebeln, Frutilose oder Apfeldicksaft.
• Einmal in der Woche sollten Sie folgende Lebensmittel einkaufen: Kartoffeln, Eier, Butter, Sahne, milden Joghurt oder Sahnedickmilch.
• Etwa alle 2 Tage müssen Sie Fleisch, Fisch, Wurst, Brot, Obst und Gemüse frisch einkaufen.
• Kochen Sie gleich die doppelte Menge Nudeln, Kartoffeln oder Reis. Heben Sie die restliche Hälfte gut verschlossen im Kühlschrank auf. So können Sie mit wenig Aufwand zwei verschiedene Gerichte zubereiten. Zum Beispiel am ersten Tag „Gefüllte Kartoffeln" (S. 54) und am folgenden Tag „Kartoffel-Räucherfisch-Pfanne" (S. 56).
Auch Salatsauce können Sie gleich in größerer Menge zubereiten und portionsweise verwenden. Sie hält sich 3 bis 4 Tage im Kühlschrank.

QUARKBRÖTCHEN MIT HEIDELBEEREN *schnell · fruchtig*

1. Die Heidelbeeren waschen und abtropfen lassen. Den Quark mit der Zitronenschale, dem Zimtpulver und der Frutilose verrühren.

2. Das Brötchen aufschneiden, beide Hälften mit dem Quark bestreichen und die Heidelbeeren jeweils darauf verteilen.

(auf dem Foto: oben)

Tip
Kaufen Sie Ihr Vollkornbrot möglichst in einer Biobäckerei. Nur diese Bäckereien gewährleisten, daß das Brot nicht aus Fertigbackmischungen hergestellt wird. Fertigbackmischungen enthalten häufig verstecktes Salz, und der Salzkonsum sollte nach Möglichkeit generell eingeschränkt werden.

ca. 5 Min.

ca. 280 kcal

- 50 g frische Heidelbeeren (ersatzweise TK-Beeren)
- 2 EL Speisequark (20% Fett i.Tr.)
- etwas abgeriebene Zitronenschale
- etwas Zimtpulver
- 2 TL Frutilose (Obstdicksaft aus dem Reformhaus)
- 1 Vollkornbrötchen

SCHLEMMERKNÄCKE *knusprig · fein*

1. Die Salatblätter waschen und trockentupfen. Die Tomaten waschen, jeweils vom Stielansatz befreien und halbieren.

2. Die Knäckebrotscheiben dünn mit etwas Frischkäse bestreichen und mit den Salatblättern belegen. Darauf je 1 Salamischeibe legen und den restlichen Frischkäse als Klecks darauf geben.

3. Die Brote mit den Tomatenhälften garnieren.

(auf dem Foto: unten)

Tip
Nehmen Sie für den Schlemmerknäcke einen knackigen Salat, z.B. Eisbergsalat, dann schmeckt er besonders frisch.

ca. 10 Min.

ca. 170 kcal

- 2 Blätter Kopfsalat
- 3 Kirschtomaten
- 2 Scheiben Vollkornknäckebrot
- 1 EL Doppelrahmfrischkäse mit Kräutern
- 2 dünne Scheiben Rindersalami

BRÖTCHEN MIT AVOCADOCREME

ca. 10 Min.

ca. 450 kcal

- ¹/₂ reife Avocado
- etwas abgeriebene Zitronenschale
- 2 TL feingehackter, frischer Koriander
- etwas Kräutersalz
- 1 Vollkornbrötchen
- 2 Salatblätter (z.B. Kopfsalat)
- 2 EL frische Sprossen

1. Die Avocado schälen und das Fruchtfleisch mit einer Gabel zerdrücken. Das Püree mit der Zitronenschale und dem Koriander verrühren und mit dem Kräutersalz abschmecken.

2. Das Brötchen aufschneiden. Beide Hälften mit etwas Avodcocreme bestreichen. Die Salatblätter waschen, trockentupfen und je 1 Salatblatt auf eine Brötchenhälfte legen. Die restliche Avocadocreme darauf geben.

3. Die Sprossen mit heißem Wasser abspülen, abtropfen lassen und auf der Creme verteilen.

Tip
Avocados sind reif, wenn sie auf Fingerdruck leicht nachgeben. Frischen Koriander erhalten Sie in Asienläden. Falls Sie kein Koriandergrün bekommen, nehmen Sie statt dessen Petersilie oder Kerbel.

TOAST MIT BANANE   *schnell • kroß*

1. Das Brot toasten. Die
Banane schälen und das
Fruchtfleisch in Scheiben
schneiden.

2. Das Toastbrot mit der
Butter bestreichen und mit
Karobpulver bestreuen,
solange es noch warm ist.

3. Die Bananenscheiben darauf verteilen und mit den
Haselnüssen bestreuen. Den
Toast möglichst sofort verzehren, damit sich die Banane nicht verfärbt.

Tip
*Karob ist ein Kakaoersatz. Das
Pulver wird aus der gemahlenen Frucht des Johannisbrotbaumes gewonnen.*

Variation
*Anstelle von Haselnüssen kön-
nen Sie auch trocken geröstete
Sesamsamen verwenden.*

ca. 5 Min.

ca. 340 kcal

- **2 Scheiben Vollkorn-
  toastbrot**
- **1 kleine Banane**
- **2 TL Butter**
- **1 TL Karobpulver
  (aus dem Reform-
  haus)**
- **1 EL gehackte Hasel-
  nußkerne**

OBSTSALAT MIT FRISCHKÄSESAUCE

ca. 10 Min.

ca. 210 kcal

Für den Obstsalat:
- $1/8$ **Netzmelone**
- $1/2$ **Birne**
- **100 g Erdbeeren**

Für die Sauce:
- **1 EL Doppelrahm-frischkäse**
- **1 EL Joghurt (3,5% Fett)**
- **etwas abgeriebene Orangenschale**
- **1 TL Ahornsirup**

1. Die Melonenspalte schälen, entkernen und das Fruchtfleisch würfeln. Die Birne schälen, das Kerngehäuse entfernen und die Fruchtfleischstücke in kleine, mundgerechte Scheiben schneiden.

2. Die Erdbeeren waschen und die Stielansätze entfernen. Die Früchte dann halbieren oder vierteln. Das Obst mischen.

3. Den Frischkäse mit dem Joghurt, der Orangenschale und dem Ahornsirup glatt-rühren und als Klecks auf den Obstsalat geben.

Tip
Achten Sie bei den Obstsorten auf einwandfreie, frische Qualität.

SONNTAGSFRÜHSTÜCK

ca. 10 Min.

ca. 540 kcal

- **1 frisches Eigelb**
- **1 EL Sahne**
- **1 Scheibe Weizenvoll-kornbrot**
- **1 EL kaltgepreßtes Olivenöl**
- **1 Tomate**
- **1 Stück Salatgurke (ca. 6 cm lang)**
- **2 dünne Scheiben Bündner Fleisch**
- **1 TL Schnittlauch-röllchen**
- **etwas Kräutersalz**

1. Das Eigelb mit der Sahne verquirlen. Die Brotscheibe darin wenden und im heißen Öl von beiden Seiten gold-braun anbraten.

2. Inzwischen die Tomate waschen und den Stielansatz herausschneiden. Das Fruchtfleisch quer zum Stiel-ansatz in dünne Scheiben schneiden. Die Gurke waschen und ebenfalls in dünne Scheiben schneiden.

3. Die Brotscheibe mit dem Bündner Fleisch belegen und mit den Schnittlauchröllchen bestreuen.

4. Die Gemüsescheiben mit etwas Kräutersalz würzen und zusammen mit dem Toast auf einem Teller anrichten.

Pochiertes Ei mit Tomatenquark *mild · nicht alltäglich*

1. 1 Liter Wasser zusammen mit dem Zitronensaft zum Kochen bringen. Inzwischen die Tomaten über Kreuz einritzen, kurz überbrühen, abschrecken, enthäuten und die Stielansätze herausschneiden. Die Tomaten halbieren, entkernen und das Fruchtfleisch in feine Würfel schneiden.

2. Die Tomatenwürfel mit Quark, saurer Sahne, 1 Eßlöffel Schnittlauchröllchen, Kräutersalz und Paprikapulver verrühren.

3. Wenn das Wasser kocht, die Hitze reduzieren, das Ei aufschlagen, in eine Tasse geben und vorsichtig in das leicht siedende Wasser gleiten lassen. Das Eiweiß mit zwei Löffeln an das Eigelb drücken und das Ei etwa 5 Minuten garen.

4. Das Ei aus dem Wasser nehmen und abtropfen lassen. Es auf einen Teller geben, mit dem restlichen Schnittlauch bestreuen und zusammen mit dem Tomatenquark servieren.

Tip
Der Tomatenquark ist ein neutrales Gericht. Er eignet sich als Brotaufstrich.

ca. $1/4$ Std.

ca. 270 kcal

- 2 EL Zitronensaft
- 2 Tomaten
- 100 g Speisequark (20% Fett i.Tr.)
- 2 EL saure Sahne
- $1^{1/2}$ EL Schnittlauch-röllchen
- $1/2$ TL Kräutersalz
- etwas edelsüßes Paprikapulver
- 1 frisches Ei

PFANNKUCHEN MIT BANANENMUS

ca. 1/4 Std.

ca. 450 kcal

**Für den Pfann-
kuchen:**
- **50 g feines Dinkel-
mehl**
- **1/4 TL Weinstein-
backpulver**
- **1 frisches Eigelb**
- **1 EL kaltgepreßtes
Sonnenblumenöl**

Für das Mus:
- **1/2 weiche Banane**
- **3 frische Datteln**
- **1/4 TL abgeriebene
Zitronenschale**
- **einige Blättchen
Zitronenmelisse**

1. Für den Pfannkuchen das
Mehl mit dem Backpulver
mischen und zusammen mit
50 ml Wasser, dem Eigelb
und dem Salz schaumig
rühren.

2. Das Öl in einer Pfanne
erhitzen. Aus dem Teig darin
einen Pfannkuchen aus-
backen.

3. Inzwischen die Banane
schälen und mit einer Gabel
zerdrücken. Die Datteln entsteinen und in feine Streifen
schneiden. Die Banane mit
der Zitronenschale und den
Datteln mischen.

4. Den Pfannkuchen mit
dem Mus bestreichen,
zusammenklappen und mit
Zitronenmelisse garnieren.

(auf dem Foto oben)

Variation
*Anstelle von frischen können
Sie ersatzweise auch getrocknete, ungeschwefelte Datteln
verwenden.*

PAPRIKA-QUARK-BROT

ca. 10 Min.

ca. 220 kcal

- **je 1 Spalte rote,
gelbe und grüne
Paprikaschote**
- **1 EL Speisequark
(20% Fett i.Tr.)**
- **1 EL Sahne**
- **1 EL gehackte,
frische Kräuter (z.B.
Petersilie, Schnitt-
lauch und Kerbel)**
- **etwas Kräutersalz**
- **etwas edelsüßes
Paprikapulver**
- **1 Scheibe Vollkorn-
brot**

1. Die Paprikaspalten
waschen. Die rote Paprika
würfeln, die gelbe und die
grüne in feine Streifen
schneiden.

2. Den Quark mit der Sahne
glattrühren. Die roten Paprikawürfel und die Kräuter
dazugeben und alles mit
Kräutersalz und Paprikapulver würzen.

3. Das Brot mit dem Quark
bestreichen. Die gelben und
grünen Paprikastreifen darauf anrichten.

(auf dem Foto unten)

Variation
*Dieses feine Brot können Sie
mit anderen Gemüsesorten
abwandeln. Zum Beispiel mit
Karotten- und Gurkenraspeln
oder mit Tomatenscheiben. Bis
auf einige Ausnahmen (s. S.7)
zählen nahezu alle Gemüsesorten zur neutralen Gruppe
und können daher beliebig
kombiniert werden.*

BROKKOLI-TOMATEN-SALAT *gut vorzubereiten • leicht*

1. Den Brokkoli waschen, putzen und die Röschen abschneiden. Die Stiele schälen und in Scheiben schneiden. Den Brokkoli in wenig Wasser in etwa 5 Minuten bißfest dünsten, dann abtropfen und abkühlen lassen.

2. Die Tomate über Kreuz einritzen, kurz überbrühen, abschrecken und enthäuten. Sie dann halbieren, entkernen und den Stielansatz herausschneiden. Das Fruchtfleisch entkernen und in kleine Würfel schneiden.

3. Die Mandelblättchen in einer Pfanne ohne Fett anrösten (das macht sie noch aromatischer).

4. Das Molkenkonzentrat mit 1 Eßlöffel Wasser und dem Kräutersalz verrühren und das Öl darunterschlagen. Den Brokkoli und die Tomate mit der Sauce mischen.

5. Den Salat kurz vor dem Servieren mit den Mandelblättchen bestreuen.

(auf dem Foto)

ca. 25 Min.
ca. 290 kcal

- 150 g Brokkoli
- 1 Tomate
- 1 EL Mandelblättchen
- 2 TL vergorenes Molkenkonzentrat (Molkosan aus dem Reformhaus)
- 1/4 TL Kräutersalz
- 2 EL kaltgepreßtes Sonnenblumenöl

CHINAKOHL-ANANAS-SALAT *fruchtig • zart*

1. Die Sonnenblumenkerne in einer Pfanne ohne Fett anrösten.

2. Den Chinakohl waschen, putzen und in Streifen schneiden. Die Ananasscheibe schälen und den Strunk herausschneiden. Das Fruchtfleisch in feine Würfel schneiden.

3. Den Joghurt mit dem Zitronensaft und dem Ahornsirup verrühren. Die Sauce erst kurz vor dem Verzehr mit dem Chinakohl und den Ananaswürfeln mischen. Den Salat mit den Sonnenblumenkernen bestreuen.

Tip
Lassen Sie den Salat nicht lange stehen, denn dann kann er bitter schmecken. Frische Ananas enthält nämlich ein eiweißspaltendes Enzym, welches hier zum Beispiel das Eiweiß vom Joghurt mit der Zeit zersetzt. Das Gericht bekommt dann einen unangenehmen bitteren Geschmack. Kiwis enthalten übrigens ebenfalls ein eiweißspaltendes Enzym, daher sollten Sie die Früchte zusammen mit Milchprodukten nicht länger stehen lassen.

ca. 1/4 Std.
ca. 180 kcal

- 1 EL Sonnenblumenkerne
- 150 g Chinakohl
- 1 Scheibe frische Ananas
- 2 EL Joghurt (3,5% Fett)
- 2 EL Zitronensaft
- 1 EL Ahornsirup

auch für Gäste · fein

GEFÜLLTE RIESENCHAMPIGNONS

ca. 35 Min.
ca. 270 kcal

- 3–4 Riesenchampig-
  nons (je nach Größe)
- 1/4 Bd. Suppengrün
- 1 TL kaltgepreßtes
  Olivenöl
- 1/4 EL gehackter
  Estragon
- 1 EL Schmand (saure
  Sahne extra)
- 2 EL feingeschnitte-
  ner Dill
- 30 g Blauschimmel-
  käse (60% Fett i.Tr.)

1. Die Champignons kurz waschen, putzen und die Stiele herausbrechen. Die Stiele fein hacken. Das Suppengrün waschen, putzen und in kleine, mundgerechte Würfel schneiden.

2. Die Champignons in einem großen flachen Topf in etwas Wasser zugedeckt 7 bis 8 Minuten dünsten. Gleichzeitig das Öl in einer Pfanne erhitzen und Champignonstiele sowie Suppengrün dann bißfest dünsten.

3. Das Suppengrün mit Kräutersalz und Estragon würzen und den Schmand sowie den Dill gründlich darunterrühren.

4. Das Wasser von den Champignonköpfen abgießen und diese mit dem Suppengemüse füllen. Die Champignons wieder in den Topf setzen.

5. Den Blauschimmelkäse würfeln und auf den Champignons verteilen. Den Topf zudecken und den Käse bei sehr kleiner Hitze schmelzen lassen.

GEMÜSESPIESSE MIT SESAMSAUCE *fein • fernöstlich*

1. Die Paprika waschen, vierteln, entkernen und die Viertel quer halbieren. Die Zwiebel schälen und achteln. Die Zucchini waschen, putzen und quer in 8 Stücke schneiden. Die Tomate waschen, vierteln, vom Stielansatz befreien und die Vierteln halbieren. Die Gemüsestücke in bunter Reihenfolge auf 4 Schaschlikspieße stecken, mit Öl bepinseln und mit Kräutersalz würzen.

2. Dann in einer Pfanne rundherum braun braten. Die Spieße herausnehmen und warm stellen.

3. Für die Sauce Sesamsamen und Kokosraspel in einer beschichteten Pfanne trocken anrösten. Beides in einer Schüssel mit Limettensaft, Joghurt, Ahornsirup, Salz, Cayennepfeffer, Kurkuma- und Korianderpulver verrühren.

4. Die Sauce eventuell mit zerpflückten Korianderblättchen bestreuen und zu den Spießen servieren.

Tip
Frischen Koriander erhalten Sie in Asienläden.

---

ca. 35 Min.

ca. 280 kcal

- 1 kleine gelbe Paprikaschote
- 1 Zwiebel
- 1 Zucchini
- 1 Tomate
- 1 EL Olivenöl
- 1/4 TL Kräutersalz
- 2 EL Sesamsamen
- 2 EL Kokosraspel
- 4 EL Limettensaft
- 6 EL Joghurt
- 2 TL Ahornsirup
- etwas Meersalz
- je 1/2 TL Cayennepfeffer
- Kurkumapulver und Korianderpulver
- evtl. einige Korianderblättchen

ROTE-BETE-SUPPE

cremig • säuerlich

ca. 25 Min.

ca. 140 kcal

- 1 rote Bete (ca. 150 g)
- 1/2 Zwiebel
- 1 TL kaltgepreßtes Olivenöl
- 150 ml vegetarische Gemüsebrühe (aus Instantpulver)
- 1 Frühlingszwiebel
- 1 EL gehackte Petersilie
- 1–2 EL Zitronensaft
- etwas Kräutersalz
- 1 EL saure Sahne

1. Die rote Bete waschen, schälen und würfeln. Die Zwiebel schälen und ebenfalls würfeln. Das Öl in einem Topf erhitzen und die Zwiebel darin glasig dünsten. Dann die Gemüsebrühe angießen.

2. Die rote Bete dazugeben und alles aufkochen. Die Suppe zugedeckt etwa 1/4 Stunde bei kleiner Hitze köcheln lassen.

3. Inzwischen die Frühlingszwiebel waschen, putzen und in feine Röllchen schneiden.

4. Die Suppe mit dem Schneidstab pürieren. Die Frühlingszwiebelwürfel, die Petersilie und den Zitronensaft dazugeben und die Suppe nochmals erhitzen.

5. Die Suppe mit Kräutersalz abschmecken und mit glattgerührter saurer Sahne garnieren.

Tip
Beachten Sie, daß sich Rote-Bete-Flecken aus der Kleidung nicht entfernen lassen.

KÜRBISCREMESUPPE

herbstlich • aromatisch

ca. 35 Min.

ca. 220 kcal

- 350 g Kürbis
- 1/2 Möhre
- 1/4 Sellerieknolle
- 1/2 Zwiebel
- 1 TL kaltgepreßtes Olivenöl
- 1/4 l vegetarische Gemüsebrühe (aus Instantpulver)
- 1 EL Zitronensaft
- 1/4 TL Cayennepfeffer
- 1/4 TL Zimtpulver
- etwas Kräutersalz
- 1 EL saure Sahne
- 1 TL Schnittlauchröllchen
- 1 TL Kürbiskerne

1. Den Kürbis schälen, entkernen und in Würfel schneiden. Die Möhre und den Sellerie waschen, schälen und in kleine Würfel schneiden. Die Zwiebel schälen und würfeln.

2. Das Öl erhitzen und die Zwiebel darin glasig dünsten. Die Kürbis-, Möhren-, und Selleriewürfel dazugeben und das Gemüse einige Minuten andünsten. Die Brühe dazugießen, alles aufkochen lassen und etwa 1/4 Stunde zugedeckt bei kleiner Hitze kochen.

3. Die Suppe mit dem Schneidstab pürieren und mit Zitronensaft, Cayenne-pfeffer, Zimt und Kräutersalz abschmecken.

4. Die glattgerührte saure Sahne auf die Suppe geben und sie mit Schnittlauch und Kürbiskernen bestreuen.

Tip
Rösten Sie die Kürbiskerne in einer beschichteten Pfanne ohne Fettzugabe an, dann schmecken Sie aromatischer.

KOHLRABISUPPE MIT LACHS *auch für Gäste • erlesen*

1. Den Kohlrabi waschen, schälen und vierteln. Ein Kohlrabiviertel beiseite legen, die übrigen in Würfel schneiden. Die Zwiebel schälen und würfeln. Den Knoblauch schälen und durch die Presse drücken.

2. Das Öl in einer Pfanne erhitzen. Die Zwiebel und den Knoblauch darin glasig andünsten. Dann die Kohlrabiwürfel dazufügen und mit andünsten. Die Brühe dazugießen, das Gemüse aufkochen lassen und dann zugedeckt bei kleiner Hitze etwa 1/4 Stunde köcheln.

3. Das zurückbehaltene Kohlrabiviertel grob raspeln. Die Suppe mit dem Schneidstab pürieren. Die Sahne, die Petersilie und den Dill hinzufügen und die Suppe mit Kräutersalz und Muskatnuß abschmecken.

4. Den Lachs in kleine Quadrate schneiden und diese in einem Suppenteller verteilen. Die Suppe darübergeben und mit den Kohlrabiraspeln und den Schnittlauchröllchen bestreuen.

ca. 1/2 Std.
ca. 320 kcal

- 1 Kohlrabi
- 1/2 Zwiebel
- 1 Knoblauchzehe
- 1 TL kaltgepreßtes Olivenöl
- 1/4 l vegetarische Gemüsebrühe
- 2 EL Sahne
- 1 EL gehackte Petersilie
- 1 EL gehackter Dill
- etwas Kräutersalz
- 1 Msp. geriebene Muskatnuß
- 1 Scheibe Räucherlachs
- 1 EL Schnittlauchröllchen

CRUDITÉS MIT DIPS

etwa ¹/₂ Std.

ca. 420 kcal

- 200 g verschiedene Gemüsesorten
- ¹/₂ reife Avocado
- 1 sehr kleine Tomate
- ¹/₂ kleine Zwiebel
- ¹/₄ TL Kräutersalz
- etwas Cayennepfeffer
- ¹/₂ weiche Banane
- ¹/₄ Zwiebel
- ¹/₄ süßer Apfel
- 1 TL saure Sahne
- 1 EL Molkosan
- ¹/₄ TL Currypulver
- 1 TL Frutilose
- 1 EL Schnittlauch-röllchen
- 2 Scheiben Vollkorn-toastbrot

1. Das Gemüse waschen, putzen, eventuell schälen und in Stifte von etwa 5 cm Länge schneiden.

2. Für den Avocadodip das Fruchtfleisch mit einem Teelöffel aus der Schale lösen und pürieren.

3. Die Tomate überbrühen, enthäuten und vom Stielansatz befreien und würfeln. Die Zwiebel schälen und fein hacken. Das Avocadopüree mit Tomatenwürfeln, Zwiebeln, Kräutersalz und Cayennepfeffer verrühren.

4. Für den Bananen-Curry-Dip die Banane schälen und mit einer Gabel zerdrücken. Die Zwiebel schälen und fein hacken. Den Apfel schälen, entkernen und fein reiben. Die Banane mit Zwiebel, Apfel, saurer Sahne, Molkosan, Currypulver, Frutilose und Schnittlauch verrühren.

5. Das Brot toasten und in Streifen schneiden. Die Dips zusammen mit den Gemüsestiften und den Toastbrotstreifen auf einem Teller anrichten.

(auf dem Foto: oben)

SALAT MIT WARMEM ZIEGENKÄSE

ca. 25 Min.

ca. 270 kcal

- 5 Blätter Friséesalat
- ¹/₂ kleiner Radicchio
- 1 Tomate
- 3 EL Sojasprossen
- 1 frisches Eigelb
- 1 kleiner Ziegen-weichkäse
- 1 EL Vollkornsemmel-brösel
- 1 EL Olivenöl
- 1 Knoblauchzehe
- 1 TL Molkosan
- ¹/₄ TL Kräutersalz
- etwas Cayennepfeffer
- 1 EL Walnußöl
- 1 EL Schnittlauch-röllchen

1. Den Friséesalat und den Radicchio waschen, putzen, trockenschleudern und zerpflücken. Die Tomate waschen, achteln und den Stielansatz entfernen. Die Sojasprossen heiß abspülen und abtropfen lassen.

2. Für die Sauce den Knoblauch schälen und durchpressen. Das Molkenkonzentrat mit 2 Eßlöffeln Wasser, Kräutersalz, Knoblauch und Cayennepfeffer verrühren und das Öl darunterschlagen. Den Schnittlauch hinzufügen und alles verrühren.

3. Das Eigelb verquirlen. Den Ziegenkäse zuerst im Eigelb und dann in den Semmelbröseln wenden. Das Öl in einer Pfanne erhitzen und den Käse darin auf beiden Seiten goldbraun backen.

4. Den Salat mit der Sauce mischen und auf einen Teller geben. Die Tomate und die Sprossen darauf anrichten und den gebackenen Ziegenkäse darauf setzen.

(auf dem Foto: unten)

TRAUBEN-LIMETTEN-KOMPOTT

ca. 1/4 Std.

ca. 310 kcal

- **200 g blaue Weintrauben**
- **Saft von 1 Limette**
- **1/2 TL Zimtpulver**
- **1 1/2 EL Frutilose (Obstdicksaft aus dem Reformhaus)**
- **1 EL gehackte Walnußkerne**

1. Die Trauben waschen, halbieren und mit einem Messer entkernen. Den Limettensaft mit Wasser auf 50 ml auffüllen.

2. Den Saft zusammen mit den Trauben und dem Zimt aufkochen und etwa 2 Minuten bei kleiner Hitze köcheln lassen. Zum Schluß die Frutilose und die gehackten Walnußkerne darunterrühren.

3. Das Kompott erkalten lassen und im Kühlschrank aufbewahren.

Tip
Probieren Sie das Kompott pur oder gemischt mit Joghurt, Quark oder Dickmilch.

Variation
Wenn Sie keine Limette zur Hand haben, können Sie statt dessen auch den Saft von 1/2 Zitrone nehmen.

HEIDELBEER-VANILLE-DICKMILCH

ca. 5 Min.

ca. 200 kcal

- **50 g frische Heidelbeeren (ersatzweise TK-Beeren)**
- **1/2 Vanilleschote**
- **125 g Dickmilch**
- **2 EL saure Sahne**
- **1 EL Frutilose (Obstdicksaft auf dem Reformhaus)**
- **2 Blättchen Zitronenmelisse**

1. Die Heidelbeeren waschen und verlesen. Die Vanilleschote der Länge nach aufritzen und das Mark herauskratzen. Die Dickmilch mit der sauren Sahne, dem Vanillemark und der Frutilose verrühren.

2. Die Hälfte der Dickmilch in ein Glasschälchen oder in ein verschließbares Gefäß füllen. Die Heidelbeeren darauf verteilen und die restliche Dickmilch darübergießen. Das Ganze mit Zitronenmelisse garnieren.

Tip
Bestreuen Sie die Heidelbeer-Vanille-Dickmilch vor dem Servieren mit etwas Karobpulver.

Variation
Garnieren Sie das Ganze zusätzlich mit frischen Pfefferminzblättchen.

MANDEL-MÖHREN-TÖRTCHEN

1. Den Backofen auf 150 °C vorheizen. Die Möhren waschen, putzen, schälen und fein reiben. Die Eier trennen.

2. Die Eigelbe zusammen mit der Frutilose und der Zitronenschale mit dem elektrischen Handrührgerät oder mit dem Schneebesen der Küchenmaschine in etwa 5 Minuten sehr schaumig rühren.

3. Die Möhren und die Mandeln zu der Masse geben und darunterrühren. Die Eiweiße zusammen mit dem Salz zu steifem Schnee schlagen und vorsichtig unter den Teig heben.

4. Den Teig mit einem Löffel in 12 Papierbackförmchen geben und im Backofen auf der mittleren Schiene 35 bis 40 Minuten backen. Der Teig sollte nach dem Backen leicht feucht sein.

Tip
In einer gut verschließbaren Dose halten sich die Törtchen mehrere Tage frisch.

ca. 1 Std.

ca. 150 kcal je Stück

Für etwa 12 Stück

- 1 mittelgroße Möhre (ca. 125 g)
- 2 frische Eier
- 4 EL Frutilose (Obstdicksaft aus dem Reformhaus)
- etwas abgeriebene Zitronenschale
- 200 g geriebene Mandeln
- 1 Prise Meersalz
- 12 kleine Papierbackförmchen

BLATTSALAT MIT KRÄUTERDRESSING

ca. ¼ Std.
ca. 110 kcal

- **8–10 Salatblätter (z.B. Endivien- oder Eisbergsalat)**
- **1 kleine Zwiebel**
- **2 TL Molkosan**
- **etwas Kräutersalz**
- **1 EL kaltgepreßtes Öl (z.B. Oliven- oder Distelöl)**
- **1 TL gehackter Dill**
- **1 TL feingehackte Petersilie**
- **1 TL Schnittlauchröllchen**

1. Den Salat waschen, putzen und trockenschleudern. Die Zwiebel schälen und fein hacken.

2. Das Molkosan mit 1 Eßlöffel Wasser und dem Kräutersalz verrühren. Öl, Zwiebel, Dill sowie Petersilie dazugeben und alles gut miteinander verrühren.

3. Den Salat zerpflücken oder in Streifen schneiden und mit dem Dressing mischen.

(auf dem Foto oben)

Variation
Das Dressing wird noch pikanter, wenn Sie etwas durchgepressten Knoblauch (etwa ½ Zehe) hinzufügen. Sie können aber auch die Schüssel, in der Sie den Salat mischen, mit einer halbierten Knoblauchzehe ausreiben.

ZUCCHINIROHKOST

ca. 10 Min.
ca. 190 kcal

- **1 kleine Zucchini (ca. 150 g)**
- **1 EL kaltgepreßtes Distelöl**
- **50 g Joghurt (3,5% Fett)**
- **½ TL abgeriebene Zitronenschale**
- **1 EL gehackterDill**
- **¼ TL Kräutersalz**

1. Die Zucchini waschen, putzen und in sehr feine Stifte schneiden.

2. Das Öl mit dem Joghurt, der Zitronenschale und dem Dill verrühren und mit Kräutersalz abschmecken.

3. Die Zucchinistifte erst kurz vor dem Verzehr mit der Sauce mischen.

(auf dem Foto unten)

Tip
Für den kleinen Hunger zwischendurch im Büro ist die Rohkost bestens geeignet. Verpacken Sie aber Zucchini und Sauce getrennt, und mischen Sie beides erst kurz vor dem Essen.

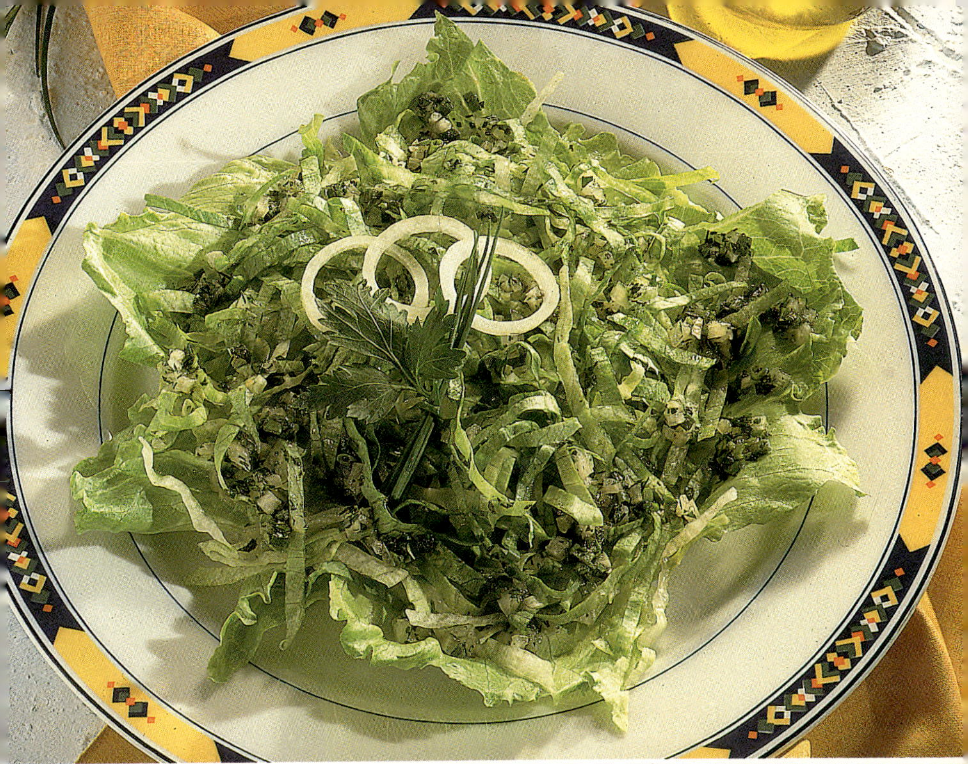
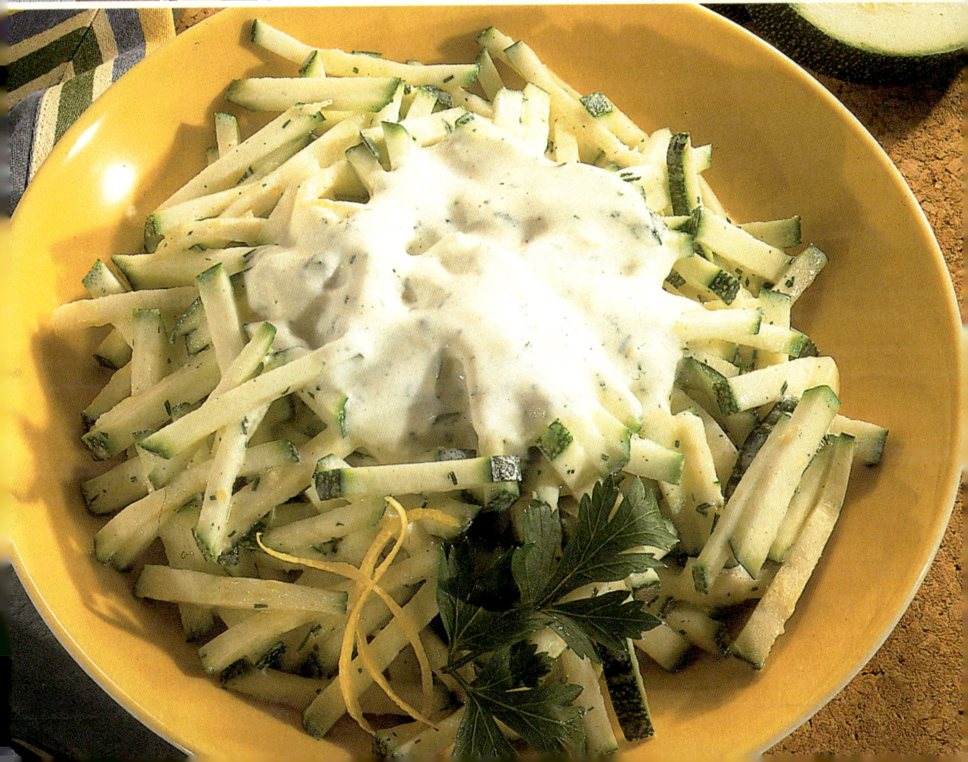

1. Die Zwiebel schälen und fein würfeln. In 1 Eßlöffel Öl glasig dünsten. Die Brühe dazugießen und das Schrot einstreuen. Das Schrot auf der abgeschalteten Herdplatte in etwa einer 1/4 Stunde zugedeckt ausquellen lassen.

2. Das Schrot mit dem Eigelb verrühren und mit Kräutersalz würzen. Aus der Masse einen Bratling formen und diesen im restlichen Öl von beiden Seiten jeweils 5 Minuten anbraten.

3. Den Quark mit den Kräutern verrühren und mit Kräutersalz sowie Paprikapulver abschmecken. Die Salatblätter waschen. Die Sprossen heiß abspülen.

4. Das Brötchen aufschneiden und beide Hälften dünn mit Butter bestreichen. 1 Brötchenhälfte mit 1 Salatblatt belegen und den Kräuterquark bis auf 1 Teelöffel darauf geben. Die Sprossen auf dem Quark verteilen und den Bratling darauf legen.

5. Restlichen Quark auf den Bratling streichen, mit dem zweiten Salatblatt und der Brötchenhälfte abdecken.

(auf dem Foto: oben)

ca. 3/4 Std.

ca. 610 kcal

- 1/2 Zwiebel
- 2 EL Olivenöl
- 125 ml vegetarische Gemüsebrühe
- 40 g Dinkelschrot
- 1 frisches Eigelb
- Kräutersalz
- 1 1/2 EL Speisequark (20% Fett i.Tr.)
- 1 EL gehackte Kräuter
- etwas edelsüßes Paprikapulver
- 2 Salatblätter
- 1 EL frische Sprossen
- 1 Vollkornbrötchen
- etwas Butter

GEFÜLLTE TEIGTASCHEN *vollwertig • fein*

1. Das Mehl mit dem Backpulver mischen. Den Quark mit dem Öl, 1 Eßlöffel Wasser und 1/2 Teelöffel Salz verrühren. Das Mehl nach und nach unterarbeiten.

2. Den Lauch gründlich waschen, putzen und in feine Ringe schneiden. Den Käse würfeln. Lauch, Käse, Thymian, Cayennepfeffer und etwas Salz mischen. Den Backofen auf 225 °C vorheizen.

3. Den Teig rechteckig etwa 2 mm dick ausrollen und in 8 etwa 10 x 12 cm große Rechtecke schneiden. Die Lauchfüllung auf den Teigstücken verteilen und diese zusammenklappen. Die Ränder rundherum mit einer Gabel gut festdrücken.

4. Die Teigtaschen auf ein mit Backpapier ausgelegtes Blech setzen und im Ofen etwa 20 Minuten backen.

5. Den Joghurt mit den Kräutern verrühren und mit Salz sowie Cayennepfeffer pikant abschmecken. Zu den Teigtaschen servieren.

(auf dem Foto: unten)

ca. 50 Min.

ca. 400 kcal

- 200 g feines Dinkelvollkornmehl
- 1 P. Weinsteinbackpulver
- 100 g Quark (20% Fett i.Tr.)
- 4 EL Olivenöl
- Meersalz
- 1 Stange Lauch
- 80 g Butterkäse (mind. 60% Fett i.Tr.)
- 1/2 TL Thymian
- etwas Cayennepfeffer
- 300 g Joghurt
- 4 EL gehackte, frische Kräuter nach Geschmack

deftig • vegetarisch

BUNTER KARTOFFELSALAT

ca. ¹/₄ Std.
1 Std. zum Durchziehen
ca. 220 kcal

- **200 g kleine, gekochte Pellkartoffeln**
- **1 Frühlingszwiebel**
- **50 ml vegetarische Gemüsebrühe**
- **1 große Möhre**
- **1 Stück Salatgurke**
- **2 EL Joghurt (3,5% Fett)**
- **1 EL Molkosan**
- **¹/₂ TL Kräutersalz**
- **¹/₄ TL edelsüßes Paprikapulver**
- **3 EL gehackte glatte Petersilie**

1. Die Kartoffeln schälen und in Scheiben schneiden. Die Frühlingszwiebel waschen, putzen, fein würfeln und auf den Kartoffelscheiben verteilen. Die Brühe erhitzen und über die Kartoffeln gießen. Den Salat in ein verschließbares Gefäß geben und mindestens 1 Stunde, besser noch über Nacht, durchziehen lassen.

2. Inzwischen die Möhre waschen, putzen, schälen und grob raspeln. Die Gurke waschen, der Länge nach vierteln, entkernen und in Scheiben schneiden. Alles zusammen in ein verschließbares Gefäß geben.

3. Für die Sauce den Joghurt mit Molkosan, Kräutersalz, Paprikapulver und Petersilie verrühren. In ein verschließbares Gefäß geben.

4. Den Kartoffelsalat, das vorbereitete Gemüse und die Salatsauce kurz vor dem Verzehr mischen.

Tip
Zimmerwarmer Kartoffelsalat schmeckt aromatischer als gekühlter.

1. Die Basilikumblättchen waschen, trockentupfen und in Streifen schneiden. Den Quark mit der Sahne und dem Kräutersalz verrühren. Anschließend das Basilikum dazugeben.

2. Beide Brotscheiben mit dem Quark bestreichen. Eine Scheibe mit dem gewaschenen Salatblatt, den Tomatenscheiben und dem Bündner Fleisch belegen.

3. Mit der anderen Brotscheibe zudecken.

4. Das Brot zum Mitnehmen in Pergamentpapier einpacken.

Tip
Mit Eisbergsalat schmeckt das Quarkbrot besonders lecker.

ca. 10 Min.

ca. 420 kcal

- 6–7 Basilikumblättchen
- 2 EL Speisequark (20% Fett i.Tr.)
- 1 EL Sahne
- etwas Kräutersalz
- 2 Scheiben Vollkornbrot
- 1 Salatblatt
- 2 Tomatenscheiben
- 30 g Bündner Fleisch

KRÄUTERBROT MIT RADIESCHENSALAT *knackig · frisch*

1. Die Butter mit Kräutern und Zitronenschale verrühren. Mit Kräutersalz und Paprikapulver würzen.

2. Die Radieschen waschen, putzen und in feine Stifte schneiden. Die Frühlingszwiebel waschen, putzen und fein würfeln. Beides abfüllen.

3. Den Joghurt mit dem Öl mischen und das Molkenkonzentrat darunterrühren. Mit Kräutersalz abschmecken und abfüllen.

4. Das Brot mit der Kräuterbutter bestreichen, zusammenklappen, einpacken. Die Sauce kurz vor dem Verzehr über den Salat geben.

Tip
Verwenden Sie für den Abrieb stets unbehandelte Zitrusfrüchte. Doch auch diese sollten Sie sicherheitshalber vorher heiß waschen und dann trockenreiben.

ca. 20 Min.

ca. 330 kcal

- 1 EL sehr weiche Butter
- 2 TL feingehackte Petersilie
- 1 TL Schnittlauchröllchen
- etwas abgeriebene Zitronenschale
- Kräutersalz
- Paprikapulver
- 1 Bd. Radieschen
- 1 Frühlingszwiebel
- 50 g Joghurt
- 1 EL Sonnenblumenöl
- 1 TL Molkosan
- 1 Scheibe Vollkornbrot

FEIGEN-NUSS-REIS

ca. 55 Min.

ca. 520 kcal

- 60 g Rundkorn-Naturreis
- 2 EL Speisequark (20% Fett i.Tr.)
- 1 EL Joghurt
- 1 EL gemahlene Haselnüsse
- 1 EL Frutilose (Obstdicksaft aus dem Reformhaus)
- 1 frische Feige
- 1/2 Banane

1. In einem Topf 200 ml Wasser aufkochen, den Reis hineinstreuen, und in 40 Minuten zugedeckt bei kleiner Hitze ausquellen lassen. Eventuell zwischendurch etwas Wasser dazugeben. Anschließend den gegarten Reis abkühlen lassen.

2. Den Quark mit dem Joghurt, den gemahlenen Nüssen und der Frutilose verrühren und unter den Reis mischen. Den Reis in ein verschließbares Gefäß füllen.

3. Die Feige schälen und achteln. Die Banane schälen und in dünne Scheiben schneiden. Feigenachtel und Bananenscheiben auf dem Reis verteilen.

Tip
Gekochter Reis hält sich im Kühlschrank einige Tage. Sie können also mehr Reis kochen und daraus an einem anderen Tag beispielsweise einen Reissalat zubereiten.

---

exquisit • leicht **BUNTER GEFLÜGELSALAT**

ca. 1/2 Std.

ca. 330 kcal

- 2 TL ungehärtetes Kokosfett
- 1 Hähnchenbrustfilet
- 1 Frühlingszwiebel
- 1/2 kleine rote Paprikaschote
- 1/2 grüne Paprikaschote
- 100 g Champignons
- 1 EL Zitronensaft
- 1/4 Kohlrabiknolle
- 5 EL Joghurt (3,5% Fett)
- 1 EL saure Sahne
- 1 EL Zitronensaft
- 1 EL Schnittlauchröllchen
- 1/2 TL Kräutersalz
- etwas Cayennepfeffer

1. Das Fett in einer Pfanne erhitzen und das Hähnchenbrustfilet darin bei starker Hitze kurz auf beiden Seiten braun anbraten. Dann die Hitze reduzieren und das Fleisch zugedeckt von jeder Seite 5 bis 7 Minuten garen. Es anschließend abkühlen lassen.

2. Inzwischen die Frühlingszwiebel waschen, putzen und fein würfeln. Die Paprikahälften waschen, entkernen und in Streifen schneiden. Die Champignons waschen, putzen, in Scheiben schneiden und mit dem Zitronensaft beträufeln. Den Kohlrabi schälen und grob raspeln.

3. Für die Sauce den Joghurt mit der Sahne, dem Zitronensaft und dem Schnittlauch verrühren. Mit Kräutersalz und Cayennepfeffer abschmecken. In eine Dose füllen.

4. Das Hähnchenfleisch in mundgerechte Würfel schneiden. Diese mit dem Gemüse mischen und in ein verschließbares Gefäß füllen.

5. Kurz vor dem Verzehr die Salatsauce mit dem Fleisch und dem Gemüse mischen.

ROASTBEEF MIT BROKKOLI *erlesen • dekorativ*

1. Den Brokkoli waschen, putzen und die Röschen abschneiden. Die Stiele schälen und in dünne Scheiben schneiden. Den Brokkoli in etwas leicht gesalzenem Wasser in etwa 5 Minuten bißfest dünsten und dann abkühlen lassen.

2. Inzwischen für die Sauce den Joghurt mit der sauren Sahne, dem Öl und dem Zitronensaft verrühren. Die Zwiebel schälen und fein würfeln. Die Kräuter und die Zwiebelwürfel unter die Sauce rühren und sie mit etwas Salz abschmecken.

3. Die Sauce, den Brokkoli und das Roastbeef zum Mitnehmen jeweils in verschließbare Gefäße geben.

Tip
Für die Kräutersauce eignet sich eine Mischung aus Petersilie, Dill, Schnittlauch, Kerbel, Kresse, Borretsch, Sauerampfer und Estragon. Die Sauce paßt auch gut zu gebratenem Fisch oder zu hartgekochten Eiern.

ca. 20 Min.

ca. 560 kcal

- 300 g Brokkoli
- 1/4 TL Meersalz
- 100 g Joghurt (3,5% Fett)
- 50 g saure Sahne
- 1 EL kaltgepreßtes Sonnenblumenöl
- 1 EL Zitronensaft
- 1/2 kleine Zwiebel
- 4 EL gemischte, gehackte Kräuter
- etwas Kräutersalz
- 100 g Roastbeef in Scheiben

raffiniert • exotisch   # SALAT MIT FENCHEL UND PUTENFLEISCH

| ca. 40 Min. |
| ca. 750 kcal |

- 1 Fenchelknolle
- 1 große Möhre
- 1 Kohlrabiknolle
- 1 kleines Puten-
  schnitzel (ca.
  150 g)
- 2 TL ungehärtetes
  Kokosfett
- Meersalz
- 3–4 feste Salatblätter
- 2 EL Zitronensaft
- 2 EL kaltgepeßtes
  Sonnenblumenöl
- 2 EL Rosinen
- 1 EL gehackte
  Cashewkerne

1. Den Fenchel waschen, putzen, längs halbieren und in dünne Streifen schneiden. In etwa 3 Minuten in wenig Wasser bißfest dünsten. Das Fenchelgrün fein hacken.

2. Die Möhre waschen, putzen und schälen. Den Kohlrabi schälen. Beides in dünne Stifte schneiden.

3. Den Zitronensaft mit 3 Eßlöffeln Wasser und 1/2 Teelöffel Salz verrühren, dann das Öl darunterschlagen. Die Rosinen hacken und dazugeben. Die Sauce mit dem vorbereiteten Gemüse

und dem Fenchelgrün mischen und das Ganze gut 20 Minuten durchziehen lassen.

4. Die Salatblätter waschen und in Streifen schneiden. Das Putenschnitzel in Streifen schneiden. Das Kokosfett erhitzen und das Fleisch darin rundherum braun braten. Leicht salzen.

5. Die Salatstreifen mit dem Gemüse mischen. Den Salat anrichten, Cashewkerne und Fleischstreifen darübergeben.

(auf dem Foto oben)

---

gelingt leicht • fein   # SALAT MIT HÄHNCHEN UND AVOCADO

| ca. 1/2 Std. |
| ca. 670 kcal |

- 2 TL ungehärtetes
  Kokosfett
- 1 Hähnchenbrustfilet
- 6–8 Salatblätter
- 1 Paprikaschote
- 100 g Kirschtomaten
- 1/2 Avocado
- 2 TL Zitronensaft
- 2 EL Joghurt
  (3,5% Fett)
- 1 EL Sahne
- 2 TL trockener
  Sherry
- 1 EL Zitronensaft
- 2 EL gehackte
  Petersilie
- 1/2 TL Kräutersalz
- etwas Paprikapulver

1. Das Fett in einer Pfanne erhitzen und das Hähnchenbrustfilet darin bei starker Hitze kurz auf beiden Seiten braun anbraten. Dann die Hitze reduzieren und das Fleisch zugedeckt auf jeder Seite 5 bis 7 Minuten garen. Abkühlen lassen.

2. Die Salatblätter putzen, waschen und trockenschleudern. Die Paprikaschote waschen, vierteln, putzen, entkernen und in Streifen schneiden. Die Tomaten waschen und vierteln. Die Avocado schälen und in Scheiben schneiden. Die

Scheiben mit dem Zitronensaft beträufeln.

3. Den Joghurt mit Sahne, Sherry, Zitronensaft, Petersilie, Kräutersalz und Paprikapulver verrühren. In ein verschließbares Gefäß geben.

4. Die Salatblätter zerpflücken und in ein verschließbares Gefäß geben. Das Hähnchenfilet in Streifen schneiden. Paprika, Tomaten, Avocado und das Fleisch auf dem Salat anrichten. Kurz vor dem Verzehr die Sauce über den Salat geben.

(auf dem Foto unten)

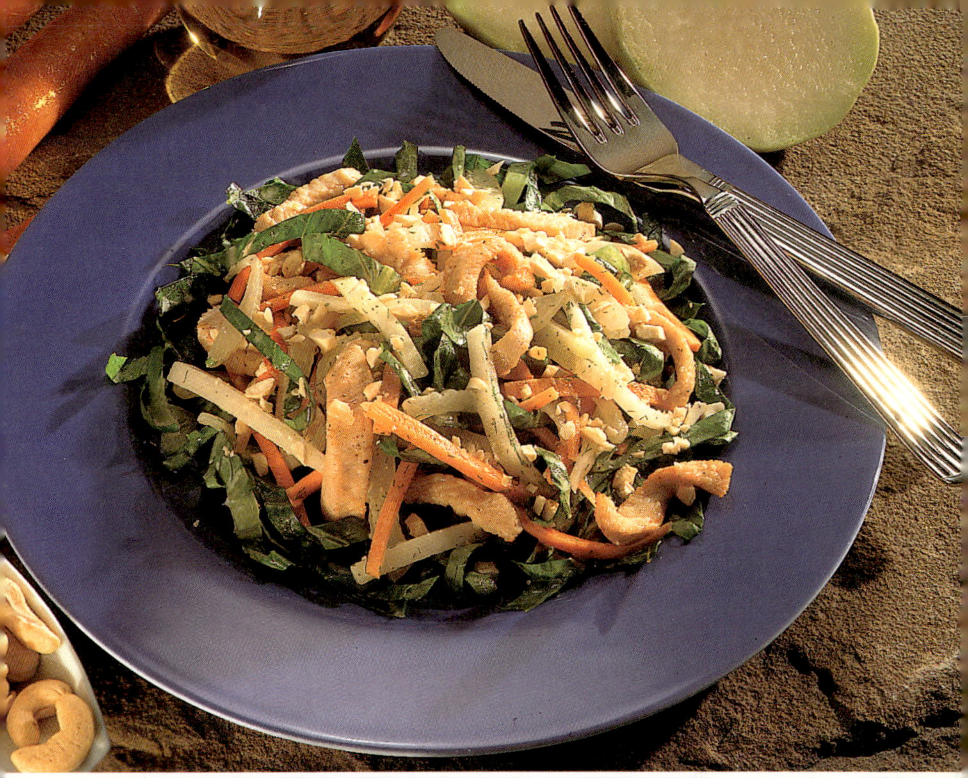

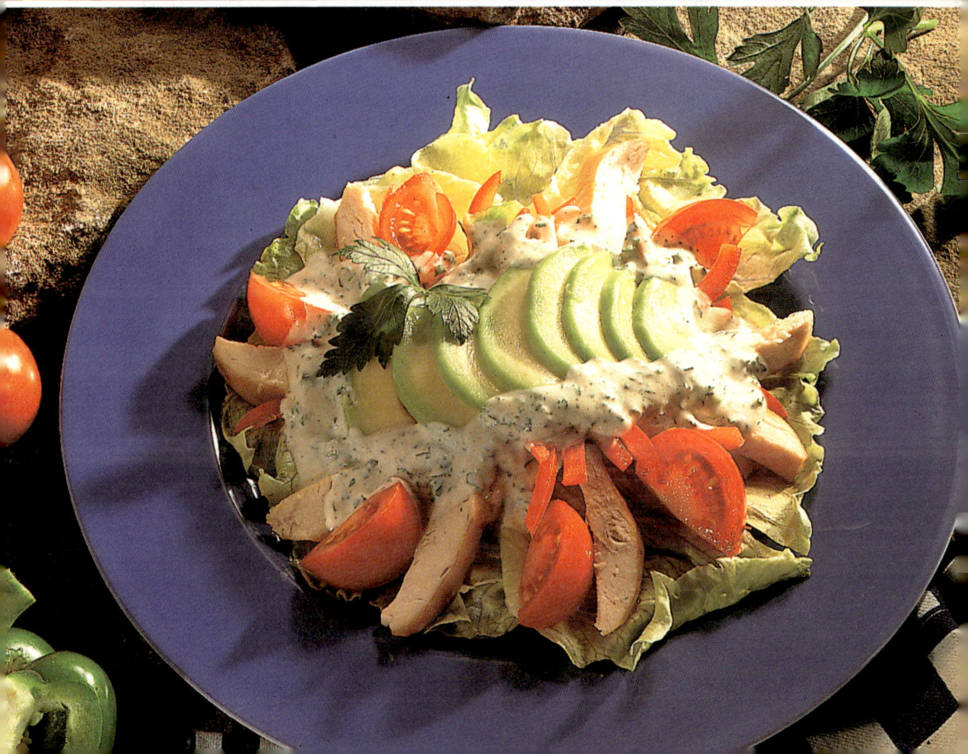

MARINIERTER SCHAFSKÄSE MIT TOMATEN

ca. 10 Min.

8 Std. zum Durchziehen

ca. 300 kcal

- **60 g Schafskäse, in Lake eingelegt**
- **1 EL kaltgepreßtes Olivenöl**
- **1/2 TL gehackter Thymian**
- **1/2 TL gehackter Rosmarin**
- **2 große Tomaten**
- **5 entsteinte grüne Oliven**

1. Am Vorabend den Käse abtropfen lassen und in kleine Würfel schneiden. Diese mit dem Öl beträufeln und mit Thymian und Rosmarin mischen. Den Käse in einem verschließbaren Gefäß im Kühlschrank über Nacht durchziehen lassen.

2. Morgens die Tomaten waschen und die Stielansätze herausschneiden. Das Fruchtfleisch quer zum Stielansatz in Scheiben schneiden. Die Oliven ebenfalls in Scheiben schneiden. Beides zusammen in ein verschließbares Gefäß füllen.

3. Kurz vor dem Verzehr die Tomatenscheiben zusammen mit den Oliven und den Schafskäsewürfeln anrichten.

Tip
Wenn Sie zu diesem neutralen Gericht Brot essen möchten, gehört es in die Kohlenhydratgruppe. Nehmen Sie ein kräftiges Vollkornbrot oder Vollkorntoast.

---

frisch • mild **EIER IN QUARKSAUCE**

ca. 1/4 Std.

ca. 390 kcal

- **2 frische Eier**
- **1/2 Kästchen Kresse**
- **1/2 Kohlrabiknolle**
- **1 kleine Zwiebel**
- **75 g Speisequark (20% Fett i.Tr.)**
- **2 EL Joghurt (3,5% Fett)**
- **2 EL Sahne**
- **1/2 TL Kräutersalz**

1. Die Eier hartkochen, abschrecken, pellen und abkühlen lassen. Die Kresse abschneiden und auf einem Sieb abspülen. Den Kohlrabi schälen und grob raspeln. Die Zwiebel schälen und fein hacken.

2. Den Quark mit dem Joghurt und der Sahne glattrühren. Kohlrabi, Zwiebel sowie Kresse dazugeben und die Sauce mit Kräutersalz abschmecken. Die Sauce über die Eier geben und alles in ein verschließbares Gefäß füllen.

Tip
Zu den Eiern paßt ein Brokkoli-Tomaten-Salat (s. Seite 19) sehr gut. Die Quarksauce (sie ist neutral) eignet sich auch hervorragend als Dip zu Pellkartoffeln.

Variation
Nach Belieben können Sie Kresse durch frische Kerbelblättchen ersetzen.

BUNTER SALAT MIT LACHS *erlesen • französisch*

1. Das Lachssteak leicht salzen. Etwas Öl erhitzen und den Fisch etwa 10 Minuten darin braten. Den Fisch dann abkühlen lassen, in Stücke zerteilen und mit etwas Zitronensaft beträufeln.

2. Die Bohnen waschen, putzen und in Stücke schneiden. In etwas Wasser in etwa 10 Minuten bißfest garen.

3. Den Salat putzen, waschen, trockenschleudern und in mundgerechte Stücke zerpflücken. Die Tomate waschen, achteln und den Stielansatz herausschneiden. Die Paprikahälfte waschen,

putzen, entkernen und in Streifen schneiden. Die Frühlingszwiebel waschen, putzen und in Ringe schneiden.

4. Für die Sauce restlichen Zitronensaft mit 2 Eßlöffeln Wasser, Salz, Cayennepfeffer und den Kräutern verrühren. Restliches Öl darunterschlagen. Die Sauce in ein verschließbares Gefäß füllen.

5. Die vorbereiteten Salatzutaten und die Oliven vorsichtig mischen und in ein verschließbares Gefäß geben. Vor dem Verzehr die Sauce über den Salat geben.

ca. ¹/₂ Std.

ca. 600 kcal

- **1 kleines Lachssteak (ca. 150 g)**
- **Meersalz**
- **2 EL Olivenöl**
- **2 EL Zitronensaft**
- **50 g grüne Bohnen**
- **6–8 Blätter Endiviensalat**
- **1 Tomate**
- **¹/₂ gelbe Paprikaschote**
- **1 Frühlingszwiebel**
- **5 schwarze Oliven**
- **¹/₂ TL Kräutersalz**
- **etwas Cayennepfeffer**
- **1 TL Kräuter der Provence**

RUCOLASALAT MIT SHRIMPS

ca. ¹/₄ Std.

ca. 420 kcal

- 75 g gekochte, geschälte Shrimps
- 2 TL Zitronensaft
- ¹/₂ Bund Rucola
- 4–5 Blätter Lollo Rosso
- 1 Stück Salatgurke
- 1 Fleischtomate
- 1 hartgekochtes Ei
- 1 EL Olivenöl
- 100 g Sahnedick-milch
- 1 EL gehackte Petersilie
- ¹/₂ TL Kräutersalz
- etwas edelsüßes Paprikapulver

1. Die Shrimps mit dem Zitronensaft beträufeln. Den Rucola und den Salat putzen, waschen, trockenschleudern und zerpflücken. Die Gurke waschen, der Länge nach halbieren und die Kerne mit Hilfe eines Teelöffels herauskratzen. Das Fruchtfleisch in dünne Scheiben schneiden.

2. Die Tomate waschen, den Stielansatz herausschneiden und das Fruchtfleisch in Stücke schneiden.

3. Für die Sauce das Ei pellen und fein hacken. Es dann mit Öl und Sahnedickmilch cremig verrühren. Die Sauce mit Petersilie, Kräutersalz sowie Paprikapulver abschmecken und in ein verschließbares Gefäß füllen.

4. Den Salat mit den Gurkenscheiben mischen, die Shrimps darauf verteilen und alles in ein verschließbares Gefäß geben.

5. Kurz vor dem Verzehr die Sauce über den Salat geben.

Paprika-Kraut-Salat mit Käse
gut vorzubereiten • leicht

1. Den Kohl waschen, putzen, halbieren und den Strunk herausschneiden. Den Kohl in sehr dünne Streifen schneiden oder hobeln. Die Brühe aufkochen lassen und den Kohl darin zusammen mit dem Kümmel etwa 3 Minuten garen.

2. Den Zitronensaft zu dem Kohl geben und das Ganze zugedeckt mindestens 1 Stunde, besser noch über Nacht im Kühlschrank durchziehen lassen. In ein verschließbares Gefäß geben.

3. Inzwischen die Paprikaschote waschen, vierteln, putzen, entkernen und in Streifen schneiden. Den Käse ebenfalls in Streifen schneiden. Alles zusammen in ein verschließbares Gefäß geben.

4. Den Joghurt mit der sauren Sahne und der Petersilie verrühren und die Sauce in ein verschließbares Gefäß geben.

5. Kurz vor dem Verzehr den Kohl mit den Paprikastreifen, dem Käse und der Joghurtsauce mischen.

ca. 20 Min.

1 Std. zum Durchziehen

ca. 270 kcal

- 150 g Weißkohl
- 50 ml vegetarische Gemüsebrühe
- 1/2 TL Kümmelpulver
- 2 EL Zitronensaft
- 1 kleine grüne Paprikaschote
- 60 g Leerdamer der Dreiviertelfettstufe (30% Fett i .Tr.)
- 5 EL Joghurt (3,5% Fett)
- 1 EL saure Sahne
- 1 EL gehackte Petersilie
- evtl. etwas Kräutersalz

ÜBERBACKENE CHAMPIGNONPOLENTA *herzhaft · originell*

1. Die Gemüsebrühe zum Kochen bringen und den Grieß einstreuen. Etwa 20 Minuten bei kleiner Hitze zugedeckt in der Flüssigkeit quellen lassen. Den Backofen auf 200 °C vorheizen.

2. Die Pilze waschen, putzen und blättrig schneiden. Die Frühlingszwiebeln waschen, putzen und in Ringe schneiden. Den Knoblauch schälen und durchpressen.

3. Das Öl erhitzen. Die Champignons zusammen mit den Zwiebeln und dem Knoblauch 7 bis 8 Minuten dünsten, bis die Flüssigkeit fast verdampft ist. Alles mit Kräutersalz und Thymian würzen.

4. Eine flache Auflaufform (20 cm Ø) dünn mit Butter ausfetten. Den Quark unter den Maisgrieß rühren und die Masse mit Muskat abschmecken. Die Polenta in die Form füllen und glattstreichen. Die Champignons darauf verteilen. Den Mozzarella in Würfel schneiden und darauf legen. Die Polenta etwa 1/4 Stunde im Ofen backen, bis der Käse gut verlaufen ist.

(auf dem Foto: oben)

ca. 40 Min.

ca. 450 kcal

Für 2 Personen

- 300 ml vegetarische Gemüsebrühe
- 100 g Maisgrieß
- 500 g Champignons
- 1 Bd. Frühlingszwiebeln
- 1 Knoblauchzehe
- 1 EL Olivenöl
- 1/2 TL Kräutersalz
- 2 TL gehackter Thymian
- Butter für die Form
- 100 g Speisequark (20% Fett i.Tr.)
- 1/2 TL geriebene Muskatnuß
- 60 g Mozzarella

MÖHRENPUFFER MIT ZUCCHINI-ROHKOST *etwas aufwendig · frisch*

1. Die Haferflocken in die kalte Brühe einrühren, diese kurz aufkochen lassen und den Topf anschließend vom Herd nehmen. Die Haferflocken 10 Minuten zugedeckt quellen lassen.

2. Inzwischen die Möhren putzen, schälen und fein reiben. Die Zwiebel schälen und ebenfalls reiben.

3. Die Zucchini waschen, putzen und grob raspeln. Den Dill waschen und fein hacken. Die Haferflocken mit dem Eigelb und den geriebenen Möhren, dem Mehl und den Zwiebeln verrühren. Mit Kräutersalz würzen.

4. Das Öl in einer beschichteten Pfanne erhitzen. Aus dem Teig darin goldgelbe Pfannkuchen ausbacken.

5. Die Zucchiniraspel mit dem Frischkäse, dem Joghurt, dem Dill und der Zitronenschale verrühren. Die Zucchini-Dill-Rohkost zu den Möhrenpuffern servieren.

(auf dem Foto: unten)

ca. 35 Min.

ca. 610 kcal

Für 2 Personen

- 70 g feine Haferflocken
- 150 ml Gemüsebrühe
- 2 mittelgroße Möhren
- 1 Zwiebel
- 1 frisches Eigelb
- 1 EL Vollkornmehl
- 1/2 TL Kräutersalz
- 2 EL Olivenöl
- 2 kleine Zucchini
- 1 Bd. Dill
- 50 g Doppelrahmfrischkäse
- 2 EL Joghurt
- 1 TL abgeriebene Zitronenschale

SPAGHETTI MIT MANGOLDGEMÜSE

ca. 25 Min.

ca. 490 kcal

Für 2 Personen

- 1 Zwiebel
- 1 Knoblauchzehe
- 200 g Bleichsellerie
- 400 g Mangold
- 120 g Vollkorn-
  spaghetti
- 1/2 TL Meersalz
- 1 EL Olivenöl
- 300 ml Gemüsebrühe
- 2 TL gehackter
  Thymian
- 2 TL gehackter
  Rosmarin
- 75 g Doppelrahm-
  frischkäse
- 1–2 TL feines Voll-
  kornmehl

1. Die Zwiebel schälen und fein würfeln. Den Knoblauch schälen und durch die Presse drücken. Den Bleichsellerie waschen, putzen und in dünne Scheiben schneiden.

2. Den Mangold waschen, putzen und die Blätter von den Stielen schneiden. Beides in breite Streifen schneiden.

3. Reichlich leicht gesalzenes Wasser zum Kochen bringen und die Nudeln darin in 8 bis 11 Minuten bißfest garen.

4. Inzwischen das Öl erhitzen und die Zwiebel und den Knoblauch darin glasig dünsten. Den Sellerie, die Mangoldstiele, die Brühe sowie Kräuter dazugeben und alles aufkochen lassen. Bei kleiner Hitze etwa 10 Minuten garen.

5. Die Mangoldblätter zum Gemüse geben und alles weitere 3 bis 4 Minuten garen. Den Frischkäse im Gemüse schmelzen lassen. Das Mehl mit etwas Wasser anrühren, in die Sauce einrühren und diese kurz aufkochen lassen. Das Gemüse zu den Spaghetti servieren.

1. Die Zucchini waschen, putzen, der Länge nach vierteln und quer in dünne Scheiben schneiden. Den Lauch gründlich waschen, putzen und in dünne Ringe schneiden. Den Knoblauch schälen und durch die Presse drücken.

2. Die Nudeln in reichlich leicht gesalzenem Wasser in 8 bis 11 Minuten bißfest garen.

3. Inzwischen das Öl in einem Topf erhitzen und Zucchini, Lauch sowie Knoblauch darin andünsten. Die Brühe angießen, den Thymian dazugeben und das Gemüse in etwa 8 Minuten bißfest dünsten.

4. Die Sahne unter das Gemüse rühren. Das Mehl mit etwas Wasser anrühren, in die Sauce einrühren und diese kurz aufkochen lassen.

5. Die Nudeln abgießen. Sie auf 2 Teller verteilen, die Sauce darübergeben und alles mit den Kürbiskernen bestreuen.

ca. 25 Min.

ca. 500 kcal

Für 2 Personen

- 2 kleine Zucchini
- 200 g Lauch
- 1 Knoblauchzehe
- 140 g Vollkornnudeln
- 1/2 TL Meersalz
- 1 EL Olivenöl
- 50 ml vegetarische Gemüsebrühe
- 2 TL gehackter Thymian
- 3 EL Sahne
- 1–2 TL feines Vollkornmehl
- 3 EL geschälte Kürbiskerne

MAKKARONI MIT FENCHELGEMÜSE *ausgefallen • zart*

1. Die Makkaroni in reichlich leicht gesalzenem Wasser nach Packungsanleitung bißfest garen.

2. Inzwischen den Fenchel waschen, putzen, der Länge nach halbieren und in Streifen schneiden. Die Zwiebeln schälen und achteln.

3. Das Öl in einem Topf erhitzen und die Zwiebeln darin andünsten. Fenchel, Petersilie, Cayennepfeffer sowie Paprikapulver dazugeben und unterrühren.

4. Das Gemüse zugedeckt etwa 10 Minuten garen. Den Frischkäse hinzufügen und unter Rühren schmelzen lassen. Dann das Ganze mit Kräutersalz abschmecken.

5. Die Nudeln abgießen, abtropfen lassen und auf 2 Teller verteilen. Das Fenchelgemüse auf die Nudeln geben und alles mit Schnittlauch bestreuen.

ca. 1/2 Std.

ca. 500 kcal

Für 2 Personen

- 120 g Vollkornmakkaroni
- 1/2 TL Meersalz
- 2 Fenchelknollen
- 3 Zwiebeln
- 2 EL Olivenöl
- 2 EL feingehackte Petersilie
- etwas Cayennepfeffer
- 1/2 TL edelsüßes Paprikapulver
- 6 EL Doppelrahmfrischkäse mit Kräutern
- etwas Kräutersalz
- 2 EL Schnittlauchröllchen

MANGOLDRÖLLCHEN MIT KRÄUTERSAUCE

ca. 3/4 Std.

ca. 460 kcal

Für 2 Personen

- **200 ml Gemüsebrühe**
- **75 g Weizenschrot**
- **1 Zwiebel**
- **1 große Möhre**
- **1 Knoblauchzehe**
- **60 g Butterkäse**
- **1 EL Olivenöl**
- **2 EL Haferflocken**
- **abgeriebene Schale von 1/2 Zitrone**
- **5 Mangoldblätter**
- **4 EL Sahne**
- **2 TL Vollkornmehl**
- **2 EL gehackte Petersilie**
- **2 EL gehackter Dill**
- **2 EL Schnittlauchröllchen**
- **etwas Kräutersalz**

1. Die Brühe aufkochen und das Weizenschrot hineinstreuen. Auf der abgeschalteten Herdplatte zugedeckt etwa 1/4 Stunde ausquellen lassen.

2. Die Zwiebel schälen und fein würfeln. Die Möhre waschen, putzen, schälen und grob raspeln. Den Knoblauch schälen und durchpressen. Den Käse fein würfeln.

3. Das Öl erhitzen. Die Zwiebel, den Knoblauch und die Möhrenraspel darin etwa 3 Minuten dünsten. Diese Mischung sowie Haferflocken, Zitronenschale und Käse zum Weizenschrot geben und alles gut mischen.

4. Die Mangoldblätter waschen, putzen und längs halbieren. Etwa 200 ml Wasser zum Kochen bringen. Je 1 Eßlöffel der Getreidemischung auf ein halbiertes Mangoldblatt geben.

5. Das Blatt wie eine Roulade zusammenrollen. Die Röllchen mit Nähgarn zusammenbinden. Im Wasser etwa 5 Minuten dünsten.

6. Die Röllchen herausnehmen. Die Sahne und das Mehl in das Kochwasser einrühren. Aufkochen lassen. Die Kräuter hinzufügen und die Sauce mit Kräutersalz abschmecken. Die Röllchen in der Sauce ziehen lassen.

LACHSKOTELETT MIT SELLERIEGEMÜSE

ca. 25 Min.

ca. 460 kcal

Für 2 Personen

- **1 kleiner Staudensellerie (ca. 500 g)**
- **2 Lachskoteletts**
- **1 EL Zitronensaft**
- **etwas Meersalz**
- **1 Bd. Schnittlauch**
- **1 EL Butter**
- **50 g Sahne**
- **1/2 TL Kräutersalz**

1. Den Staudensellerie waschen, putzen und in dünne Scheiben schneiden. Die Lachskoteletts abwaschen, trockentupfen, mit Zitronensaft beträufeln und leicht salzen. Den Schnittlauch waschen und in Röllchen schneiden.

2. Die Butter in einer beschichteten Pfanne zerlassen und den Fisch darin bei mittlerer Hitze 12 bis 15 Minuten unter mehrfachem Wenden braten.

3. Gleichzeitig den Sellerie in sehr wenig Wasser in etwa 10 Minuten bißfest dünsten.

4. Das Selleriewasser abgießen. Die Sahne zum Gemüse geben und darunterrühren. Den Schnittlauch hinzufügen und das Ganze mit Kräutersalz würzen. Den Fisch zusammen mit dem Gemüse servieren.

GEMÜSESUPPE MIT KÄSETOASTS   *herzhaft • gelingt leicht*

1. Das Gemüse waschen und putzen. Den Blumenkohl in Röschen zerteilen. Die Bohnen in 3 cm lange Stücke schneiden. Den Fenchel und die Möhren in dünne Scheiben schneiden.

2. Die Zwiebel schälen und würfeln. Das Öl erhitzen und die Zwiebel darin andünsten. Das vorbereitete Gemüse dazugeben und einige Minuten mitdünsten.

3. Die Brühe dazugießen, aufkochen lassen und alles zugedeckt bei kleiner Flamme 10 bis 15 Minuten kochen, bis das Gemüse gar

ist. Es sollte nicht zu weich sein.

4. Inzwischen den Backofen auf 225 °C vorheizen. Den Käse in kleine Würfel schneiden und mit dem Eigelb und dem Paprikapulver mischen. Die Mischung auf den Baguettescheiben verteilen und diese im Ofen auf der obersten Schiene goldbraun überbacken.

5. Den Estragon und den Schnittlauch in die Suppe geben und diese mit Kräutersalz und Cayennepfeffer abschmecken. Die Käsetoasts zur Suppe servieren.

ca. 35 Min.

ca. 550 kcal

Für 2 Personen

- $1/2$ **Blumenkohl**
- **100 g grüne Bohnen**
- **1 Fenchelknolle**
- **2 große Möhren**
- **1 Zwiebel**
- **1 EL Olivenöl**
- $3/4$ **l Gemüsebrühe**
- **80 g Butterkäse**
- **1 frisches Eigelb**
- **Paprikapulver**
- **6 Scheiben Vollkornbaguette**
- **1 EL Estragon**
- **2 EL Schnittlauchröllchen**
- **etwas Kräutersalz**
- **etwas Cayennepfeffer**

BLUMENKOHLCURRY

ca. 40 Min.

ca. 490 kcal

Für 2 Personen

- ca. $1/4$ l vegetarische Gemüsebrühe (aus Instantpulver)
- 120 g Naturreis
- 1 kleiner Blumenkohl
- $1/4$ TL Meersalz
- 2 Frühlingszwiebeln
- 1 weiche Banane
- 1 EL kaltgepreßtes Olivenöl
- 3 EL Kokosraspel
- 1 TL mildes Currypulver
- $1/2$ TL Cayennepfeffer
- $1/4$ TL Kräutersalz
- 2 EL Sahne

1. Die Gemüsebrühe aufkochen, den Reis hineinstreuen und bei kleiner Hitze in etwa 40 Minuten zugedeckt ausquellen lassen.

2. Inzwischen den Blumenkohl putzen, in Röschen zerteilen und diese waschen. Die Röschen in etwas leicht gesalzenem Wasser in etwa 10 Minuten bißfest dünsten. Dann den Blumenkohl abgießen und abtropfen lassen.

3. Die Frühlingszwiebeln waschen, putzen und fein würfeln. Die Banane schälen und mit einer Gabel zerdrücken.

4. Das Öl in einer Pfanne erhitzen und die Zwiebelwürfel darin glasig dünsten. Bananenmus, Kokosraspel, Currypulver, Cayennepfeffer sowie Kräutersalz dazugeben und unter Rühren kurz mitdünsten. Nun 50 ml Wasser und die Sahne mit dem Schneebesen darunterrühren. Die Blumenkohlröschen dazugeben und unterheben. Das Curry zusammen mit dem Reis servieren.

Tip
Zu dem Blumenkohlcurry paßt gut ein neutraler Salat.

GEBRATENER GEMÜSEREIS *vollwertig • knackig*

1. Den Sellerie, die Möhren, die Champignons, die Zuckerschoten sowie die Frühlingszwiebeln waschen und putzen.

2. Den Sellerie in dünne Scheiben, die Frühlingszwiebeln in feine Ringe, die Möhre in feine Stifte schneiden. Die Zwiebel schälen und fein würfeln. Den Knoblauch schälen und durch die Presse drücken.

3. Das Öl in einer großen Pfanne erhitzen und die Zwiebeln sowie den Knoblauch unter Rühren darin anbraten.

4. Das vorbereitete Gemüse dazugeben, salzen und unter Rühren einige Minuten bei starker Hitze braten.

5. Die Eigelbe mit der Sahne verquirlen und über das Gemüse gießen. Dann den Reis hinzufügen und alles miteinander mischen. Das Ganze noch 2 bis 3 Minuten braten und dann mit Cayennepfeffer abschmecken.

6. Die Sprossen mit heißem Wasser abspülen und kurz vor Ende der Bratzeit zum Gemüse geben.

ca. 1/2 Std.

ca. 440 kcal

Für 2 Personen

- 200 g Staudensellerie
- 1 Möhre
- 100 g Champignons
- 100 g Zuckerschoten
- 2 Frühlingszwiebeln
- 1 Zwiebel
- 1 Knoblauchzehe
- 2 EL Olivenöl
- 1/2 TL Meersalz
- 2 frische Eigelbe
- 1 EL Sahne
- 250 g in Gemüse-brühe gekochter Naturreis
- etwas Cayennepfeffer
- 50 g frische Sprossen

LAMMFLEISCHTOPF

aufwendig · pikant

ca. 55 Min.

ca. 600 kcal

Für 2 Personen

- 1 große Aubergine
- 1 große Zucchini
- 2 große Tomaten
- 300 g Lammgulasch-fleisch (Keule)
- 2 EL Olivenöl
- 2 Knoblauchzehen
- 200 ml trockener französischer Rot-wein
- 1 EL Kräuter der Provence
- 1/2 TL Kräutersalz
- 1/2 TL mittelscharfes Paprikapulver

1. Die Aubergine und die Zucchini waschen, putzen und in etwa 1,5 cm große Würfel schneiden. Die Tomaten über Kreuz einrit-zen, kurz überbrühen, abschrecken und enthäuten. Sie dann achteln und die Stiel-ansätze herausschneiden.

2. Das Öl in einem Topf erhitzen und das Lamm-fleisch darin unter Rühren rundherum anbraten. Es danach herausnehmen. Das Gemüse in den Topf geben und einige Minuten dünsten. Den Knoblauch schälen und durch die Presse drücken.

3. Das Gemüse mit dem Rot-wein ablöschen. Den Knob-lauch, die Kräuter, das Kräu-tersalz und das Paprikapulver darunterrühren.

4. Das Fleisch wieder dazu-geben. Den Eintopf zuge-deckt etwa 40 Minuten bei kleiner Hitze schmoren. Zwi-schendurch umrühren.

Tip
Bestellen Sie das Lammgu-laschfleisch bei Ihrem Fleisch-händler vor.

COQ AU RIESLING

französisch · würzig

ca. 50 Min.

ca. 370 kcal

Für 2 Personen

- 2 Hähnchenschenkel
- 2 große Möhren
- 150 g Champignons
- 1 Stange Lauch
- 1 Zwiebel
- 2 Knoblauchzehen
- 2 EL Olivenöl
- 200 ml Riesling
- 100 ml vegetarische Gemüsebrühe
- 1 EL gehackter Rosmarin
- 1 TL abgeriebene Zitronenschale
- 1/2 TL Kräutersalz

1. Die Hähnchenschenkel waschen, trockentupfen und jeweils am Gelenk durch-schneiden. Die Möhren, die Champignons sowie den Lauch waschen und putzen.

2. Die Möhren schälen und in dünne Scheiben schnei-den. Die Champignons hal-bieren. Den Lauch in dünne Ringe schneiden. Die Zwiebel schälen und achteln. Den Knoblauch schälen und durchpressen.

3. Das Öl in einem Topf erhitzen und die Hähnchen-teile darin von jeder Seite in

etwa 2 Minuten braun bra-ten. Den Wein und die Brühe angießen.

4. Dann das vorbereitete Gemüse, die Champignons, den Knoblauch, Rosmarin, Zitronenschale und Kräuter-salz dazugeben.

5. Alles einmal aufkochen lassen und zugedeckt bei klei-ner Hitze ungefähr 1/2 Stunde schmoren.

SCHNITZEL MIT CHAMPIGNONSALAT *mediterran • einfach*

1. Die Oliven waschen, entsteinen und fein hacken. Mit dem Rosmarin mischen. Die Schnitzel abspülen und trockentupfen. Die gehackten Oliven auf die Schnitzel geben und diese zusammenklappen. Die Schnitzel mit Holzspießchen zusammenstecken.

2. Das Öl in einer Pfanne erhitzen und die Schnitzel auf beiden Seiten darin braun anbraten. Sie dann zugedeckt bei kleiner Hitze etwa 1/4 Stunde weiterbraten.

3. Inzwischen die Champignons waschen, putzen und in sehr dünne Scheiben schneiden. Die Kresse abschneiden, waschen und trockentupfen.

4. Den Zitronensaft mit 1 Eßlöffel Wasser und dem Kräutersalz verrühren, das Öl darunterschlagen. Die Champignons mit der Sauce und der Kresse mischen.

5. Die Schnitzel aus der Pfanne nehmen und die Sahne sowie 2 Eßlöffel Wasser in den Bratfond einrühren.

6. Die Sauce einmal aufkochen lassen. Die Schnitzel zusammen mit der Sauce und dem Salat servieren.

ca. 1/2 Std.

ca. 440 kcal

Für 2 Personen

Für die Schnitzel:
- **10 schwarze Oliven**
- **1 TL gehackter Rosmarin**
- **2 dünne Putenschnitzel (ca. 300 g)**
- **1 EL Olivenöl**
- **1 EL Sahne**

Für den Salat:
- **300 g Champignons**
- **1/2 Kästchen Kresse**
- **2 EL Zitronensaft**
- **etwas Kräutersalz**
- **2 EL kaltgepreßtes Distelöl**

KÄSERISOTTO MIT GRÜNEM SPARGEL

ca. 50 Min.

ca. 410 kcal

Für 2 Personen

- 1 Zwiebel
- 1 EL kaltgepreßtes Olivenöl
- 120 g Naturreis
- ca. 250 ml vegetarische Gemüsebrühe (aus Instantpulver)
- 250 g grüner Spargel
- 1/2 TL Meersalz
- 50 g Butterkäse (mind. 60% Fett i.tr.)
- 3 EL gehackter Kerbel

1. Die Zwiebel schälen und fein würfeln. Das Öl in einem Topf erhitzen und die Zwiebelwürfel darin andünsten. Den Reis hinzufügen und glasig werden lassen. Die Brühe dazugießen, alles aufkochen lassen und den Reis zugedeckt bei kleiner Hitze in etwa 40 Minuten ausquellen lassen.

2. Inzwischen den Spargel waschen und eventuell die Enden abschneiden. Den Spargel schräg in etwa 3 cm lange Stücke schneiden. Diese in reichlich leicht gesalzenem Wasser in etwa 1/4 Stunde bißfest kochen.

3. Den Käse in kleine Würfel schneiden und in dem fertig gegarten Reis schmelzen lassen. Den Spargel und den Kerbel unter den Reis heben.

(auf dem Foto: oben)

Tip
Servieren Sie zu dem Risotto einen Blattsalat mit klarem Kräuterdressing (s. Seite 28).

HIRSERISOTTO MIT PINIENMÖHREN

ca. 3/4 Std.

ca. 420 kcal

Für 2 Personen

Für das Risotto:
- 1 Stange Lauch
- 1 Knoblauchzehe
- 1 EL Olivenöl
- 100 g Hirse
- 400 ml vegetarische Gemüsebrühe

Für die Pinienmöhren:
- 2 EL Schmand
- 1 TL Honig
- 3 EL gehackte Petersilie
- 2 EL Pinienkerne
- 1–2 Bd. Möhren
- 1/2 TL Meersalz

1. Den Lauch gründlich waschen, putzen und in feine Streifen schneiden. Den Knoblauch schälen und durchpressen.

2. Das Öl in einem mittelgroßen Topf erhitzen und die Hirse unter Rühren darin andünsten. Die Gemüsebrühe dazugeben, aufkochen lassen und die Hirse bei kleiner Hitze zugedeckt in etwa 1/4 Stunde ausquellen lassen.

3. Den Schmand mit Honig und Petersilie verrühren. Die Pinienkerne in einer Pfanne ohne Fettzugabe unter Rühren goldbraun rösten.

4. Den Lauch und den Knoblauch zur Hirse geben und alles noch 5 Minuten weitergaren. Die Möhren waschen, putzen und schälen. Dabei etwa 1 cm vom Blattansatz stehenlassen. Wenn die Möhren relativ dick sind, sie der Länge nach halbieren.

5. Die Möhren in leicht gesalzenem Wasser in etwa 5 Minuten bißfest dünsten. Das Wasser abgießen, den Schmand unterheben und die Pinienkerne darüberstreuen. Die Möhren zum Hirserisotto servieren.

(auf dem Foto: unten)

KARTOFFELBREI MIT ROSENKOHL

ca. 1/2 Std.

ca. 400 kcal

Für 2 Personen

- **400 g Kartoffeln**
- **500 g Rosenkohl**
- **etwas Meersalz**
- **50 g Speisequark (20% Fett i.Tr.)**
- **1/2 TL geriebene Muskatnuß**
- **1/2 TL Kräutersalz**
- **2 EL Schnittlauchröllchen**
- **1 1/2 EL Butter**
- **2 EL gehackte Walnußkerne**

1. Die Kartoffeln schälen, waschen, vierteln und in etwas Wasser gar kochen. Den Rosenkohl waschen, putzen und in etwas leicht gesalzenem Wasser in etwa 10 Minuten bißfest garen.

2. Die Kartoffeln zusammen mit 3 Eßlöffel Wasser, dem Quark, dem Muskat und dem Kräutersalz pürieren. Den Schnittlauch darunterrühren.

3. Den Rosenkohl abgießen und abtropfen lassen. Die Butter in einem Topf schmel-

zen lassen und die Walnußkerne kurz darin rösten.

4. Den Rosenkohl dazugeben und mit der Nußbutter mischen. Den Rosenkohl zum Kartoffelbrei servieren.

Tip
Für Kartoffelbrei sind mehligkochende Kartoffelsorten am besten geeignet.

GEFÜLLTE KARTOFFELN

ca. 35 Min.

ca. 290 kcal

Für 2 Personen

- **4–6 mittelgroße Kartoffeln (ca. 400 g)**
- **2 große Champignons**
- **1 EL weiche Butter**
- **2 EL frischgehackter Kerbel**
- **1/2 TL Kräutersalz**
- **etwas geriebene Muskatnuß**
- **4 Scheiben Butterkäse (60% Fett i.Tr.)**
- **etwas Butter für die Form**

1. Die Kartoffeln mitsamt der Schale in etwa 20 Minuten weich kochen. Nach etwa 10 Minuten den Backofen auf 225 °C vorheizen.

2. Inzwischen die Champignons waschen, putzen und in Stifte schneiden.

3. Von den gegarten Kartoffeln jeweils einen Deckel abschneiden und sie bis auf einen etwa 1/2 cm breiten Rand aushöhlen.

4. Die Deckel schälen und zusammen mit der ausgehöhlten Kartoffelmasse mit einer Gabel zerdrücken. Das Püree mit der Butter, dem

Kerbel, dem Kräutersalz und dem Muskat verrühren. Die Pilze daruntermischen.

5. Die Kartoffelmasse zurück in die Kartoffeln füllen und dabei einen „Berg" aufhäufen. Darauf je 1 Käsescheibe legen.

6. Die Kartoffeln in eine gefettete Auflaufform setzen und auf der obersten Schiene im Backofen etwa 10 Minuten überbacken.

Tip
Servieren Sie zu den Kartoffeln gedünstetes Gemüse oder einen neutralen Salat.

Gnocchi mit Lauchgemüse

italienisch • aufwendig

1. Die Kartoffeln gar kochen, pellen und abkühlen lassen. Den Lauch waschen, putzen und in feine Streifen schneiden. Den Knoblauch schälen und durchpressen.

2. Die Kartoffeln durch die Kartoffelpresse drücken. Die Masse mit Eigelb, Mehl, Petersilie, Muskat und Kräutersalz verkneten.

3. Sehr wenig Wasser aufkochen und den Lauch sowie den Knoblauch hineingeben. Bei kleiner Hitze zugedeckt 6 bis 8 Minuten garen. Die Kräuter und den zerbröckelten Schafskäse dazugeben

und den Käse leicht schmelzen lassen.

4. Für die Gnocchi 2 Liter leicht gesalzenes Wasser in einem Topf zum Kochen bringen. Aus dem Kartoffelteig kleine ovale Bällchen formen und diese mit einer Gabel flachdrücken.

5. Die Gnocchi in das kochende Wasser geben. Die Hitze reduzieren und die Gnocchi in leicht siedendem Wasser etwa 3 Minuten gar ziehen lassen, bis sie oben schwimmen. Die Gnocchi zusammen mit dem Gemüse servieren.

| ca. 1 Std. |
| 1 Std. zum abkühlen |
| ca. 360 kcal |

Für 2 Personen

- **400 g mehligkochende Kartoffeln**
- **1 Eigelb**
- **2 EL Vollkornmehl**
- **2 EL gehackte Petersilie**
- **$1/4$ TL geriebene Muskatnuß**
- **$1/2$ TL Kräutersalz**
- **$1/2$ TL Meersalz**
- **500 g Lauch**
- **1 Knoblauchzehe**
- **je 1 EL gehackter Estragon und Kerbel**
- **75 g Schafkäse**

KARTOFFEL-RÄUCHERFISCH-PFANNE

ca. 25 Min.

ca. 390 kcal

Für 2 Personen

- **400 g gekochte Pellkartoffeln**
- **2 Frühlingszwiebeln**
- **1 Stück Salatgurke**
- **1 kleine rote Paprikaschote**
- **2 EL Olivenöl**
- **1/2 TL Kräutersalz**
- **1/2 TL edelsüßes Paprikapulver**
- **1/4 TL Cayennepfeffer**
- **1 geräuchertes Makrelenfilet**
- **2 EL Schnittlauchröllchen**

1. Die Kartoffeln pellen und in Scheiben schneiden. Die Frühlingszwiebeln waschen, putzen und in feine Ringe schneiden. Die Gurke waschen, längs halbieren und die Kerne mit einem Löffel herauskratzen. Die Gurke in Scheiben schneiden. Die Paprikaschote waschen, vierteln, putzen, entkernen und würfeln.

2. Das Öl in einer Pfanne erhitzen und die Kartoffelscheiben darin anbraten. Zwiebelringe, Gurkenscheiben und Paprikawürfel sowie Kräutersalz, Paprikapulver und Cayennepfeffer dazugeben. Alles unter Rühren bei mittlerer Hitze kurz braten, bis das Gemüse bißfest und die Kartoffelscheiben goldbraun gebraten sind.

3. Das Makrelenfilet enthäuten und in mundgerechte Stücke schneiden. Die Fischstücke kurz vor Ende der Garzeit zu den Kartoffeln geben und einige Minuten im Gemüse erwärmen. Die Kartoffelpfanne mit dem Schnittlauch bestreuen.

(auf dem Foto oben)

ROSENKOHL-RINDFLEISCH-PFANNE

ca. 35 Min.

ca. 360 kcal

Für 2 Personen

- **400 g Rosenkohl**
- **2 Zwiebeln**
- **250 g Rumpsteak**
- **1 Knoblauchzehe**
- **1 EL ungehärtetes Kokosfett**
- **etwas Meersalz**
- **1/2 TL Kurkumapulver**
- **etwas Cayennepfeffer**
- **1/2 TL gemahlener Koriander**
- **250 ml Gemüsebrühe**
- **etwas Kräutersalz**
- **1 EL Zitronensaft**
- **evtl. Koriandergrün**

1. Den Rosenkohl waschen, putzen und halbieren. Die Zwiebeln schälen und fein würfeln. Das Rindfleisch abspülen, trockentupfen und in Streifen schneiden. Den Knoblauch schälen und durchpressen.

2. Das Fett in einer großen Pfanne erhitzen und die Fleischstreifen darin rundherum braun anbraten. Herausnehmen und salzen.

3. Die Zwiebeln und den Knoblauch ins Bratfett geben und darin glasig dünsten. Den Rosenkohl dazugeben und andünsten. Das Gemüse mit Kurkuma, Cayennepfeffer sowie Koriander würzen und die Brühe dazugießen. Alles einmal aufkochen lassen und den Rosenkohl in etwa 12 Minuten bißfest dünsten.

4. Nun das Fleisch dazugeben und alles mit Kräutersalz sowie Zitronensaft abschmecken. Das Gericht eventuell mit Koriandergrün bestreuen.

(auf dem Foto unten)

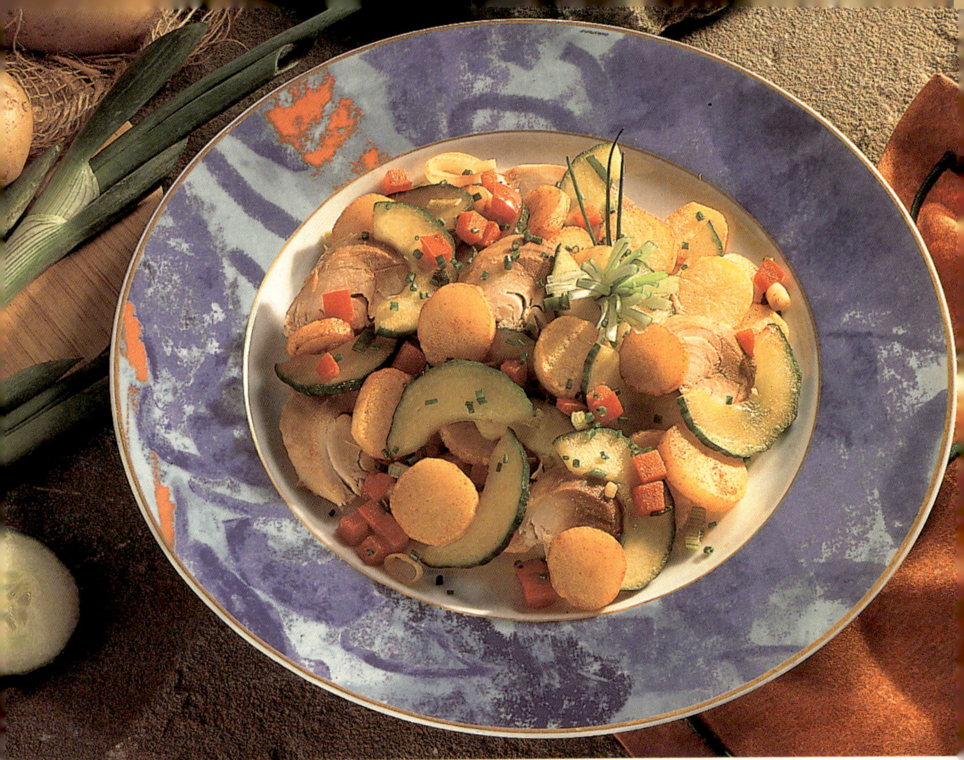
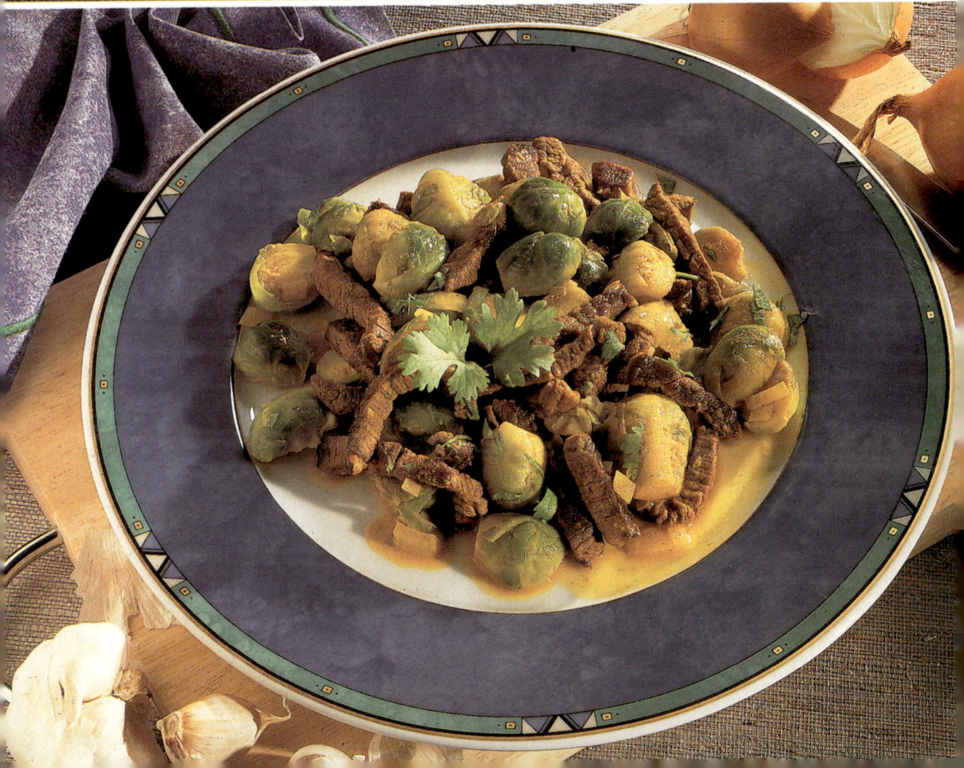

GRATINIERTE CHAMPIGNONSCHNITZEL

ca. 1/2 Std.

ca. 320 kcal

Für 2 Personen

- **2 Kalbsschnitzel à ca. 100 g**
- **250 g Champignons**
- **2 Frühlingszwiebeln**
- **50 g würziger Käse (z.B. Roquefort)**
- **1 EL kaltgepreßtes Olivenöl**
- **1/2 TL Kräutersalz**
- **2 EL gehackte Petersilie**
- **1 EL ungehärtetes Kokosfett (Reformhaus)**
- **etwas Meersalz**

1. Die Schnitzel abspülen und trockentupfen. Die Pilze waschen, putzen und in dünne Streifen schneiden. Die Frühlingszwiebeln waschen, putzen und fein würfeln. Den Käse reiben oder in kleine Würfel schneiden.

2. Das Öl in einer Pfanne erhitzen. Die Frühlingszwiebeln und die Champignons darin 5 bis 6 Minuten dünsten. Beides mit Kräutersalz würzen und die Petersilie hinzufügen.

3. Gleichzeitig in einer Pfanne das Kokosfett erhitzen.

Die Schnitzel von jeder Seite etwa 3 Minuten darin braten. Sie anschließend auf beiden Seiten leicht salzen.

4. Die Champignons auf die Schnitzel geben und den Käse darauf verteilen. Einen Deckel auf die Pfanne legen und die Schnitzel bei kleiner Hitze 3 bis 5 Minuten weitergaren, bis der Käse geschmolzen ist.

HÄHNCHENBRUSTFILET MIT CURRYSAUCE

ca. 1/2 Std.

ca. 290 kcal

Für 2 Personen

- **2 Hähnchenbrustfilets (ca. 300 g)**
- **1 EL ungehärtetes Kokosfett (aus dem Reformhaus)**
- **1/2 Mango**
- **2 Scheiben frische Ananas**
- **etwas Meersalz**
- **50 ml vegetarische Gemüsebrühe**
- **50 g Sahne**
- **1/2 TL mildes Currypulver**
- **1 Zweig Koriandergrün**

1. Die Hähnchenbrustfilets abspülen und trockentupfen. Das Kokosfett in einer beschichteten Pfanne erhitzen und das Fleisch darin auf beiden Seiten goldbraun anbraten. Dann bei reduzierter Hitze 10 bis 15 Minuten (je nach Dicke) durchbraten. Zwischendurch wenden.

2. Inzwischen den Backofen auf 80 °C vorheizen. Die Mango schälen, das Fruchtfleisch vom Stein abschneiden und in kleine Spalten schneiden. Die Ananasscheiben schälen und die harten Strünke herausschneiden.

Die Scheiben in kleine Stücke zerteilen, dabei von den „braunen Augen" befreien.

3. Das Fleisch aus der Pfanne nehmen, leicht salzen und im Backofen zugedeckt warm stellen. Die Mango- und Ananasstücke in das Bratfett geben und rundherum andünsten. Dann das Obst ebenfalls warm stellen.

4. Den Bratensatz unter Rühren mit der Brühe und der Sahne ablöschen, mit Currypulver würzen. Fleisch und Obst in die Sauce geben und zugedeckt etwa 1 Minute darin ziehen lassen.

ESTRAGONFORELLE MIT GEMÜSESTREIFEN · *nicht alltäglich · fein*

1. Den Backofen auf 200 °C vorheizen. Die Forellen abspülen und trockentupfen. Sie innen und außen mit dem Kräutersalz würzen. Die Frühlingszwiebeln waschen, putzen und fein hacken. Sie mit 1 Eßlöffel Estragon mischen und die Forellen damit füllen.

2. Zwei große Stücke Alufolie dünn einölen und die Forellen darauf legen. Die Folie fest verschließen.

3. Die Möhre, die Zucchini sowie den Kohlrabi waschen und putzen. Die Möhre und den Kohlrabi schälen.

4. Die Forellen im Backofen auf der mittleren Schiene etwa 20 Minuten garen. Inzwischen das Gemüse in feine Streifen schneiden und in etwas leicht gesalzenem Wasser in 3 bis 4 Minuten bißfest dünsten.

5. Den restlichen Estragon zusammen mit der Sahne zum Gemüse geben. Die Sauce mit dem Bindemittel binden und mit Kräutersalz abschmecken.

6. Die Forellen aus der Folie nehmen, und zusammen mit dem Gemüse und der Sauce servieren.

ca. 35 Min.

ca. 240 kcal

Für 2 Personen

- 2 kleine küchenfertige Forellen
- 1/2 TL Kräutersalz
- 2 Frühlingszwiebeln
- 2 EL gehackte Estragonblättchen
- Öl zum Fetten der Folie
- 1 große Möhre
- 1 Zucchini
- 1 Kohlrabi
- 1/4 TL Meersalz
- 4 EL Sahne
- etwas pflanzliches Bindemittel
- etwas Kräutersalz

MANGOLD-HACKFLEISCH-GRATIN

ca. 3/4 Std.

ca. 450 kcal

Für 2 Personen

- 1 Zwiebel
- 200 g Rinderhack-fleisch
- 1 EL ungehärtetes Kokosfett (Reform-haus)
- 1/2 TL Kräutersalz
- 1/2 TL mildes Papri-kapulver
- 500 g Mangoldstiele (ohne Blattgrün)
- 1 große Tomate
- 3 EL Schnittlauch-röllchen
- 1 EL Schmand (saure Sahne extra)
- 50 g geriebener, mittelalter Gouda (45% Fett i.Tr.)

1. Den Backofen auf 200 °C vorheizen. Die Zwiebel schälen und fein würfeln. Das Fett in einer Pfanne erhitzen und das Hackfleisch sowie die Zwiebelwürfel darin unter Rühren krümelig braun anbraten. Das Ganze mit etwas Kräutersalz und Paprikapulver würzen.

2. Die Mangoldstiele putzen, waschen und in feine Streifen schneiden. Sie in etwas Wasser 7 bis 8 Minuten dünsten.

3. Inzwischen die Tomate über Kreuz einritzen, kurz überbrühen, abschrecken, enthäuten und den Stielansatz herausschneiden. Die

Tomate dann quer zum Stielansatz in dünne Scheiben schneiden.

4. Schnittlauch und Schmand zum Mangold geben, umrühren und alles mit Kräutersalz würzen. Den Mangold in eine flache Auflaufform (20 cm Ø) geben und das Hackfleisch darauf verteilen. Die Tomatenscheiben darauf legen. Das Gratin mit Käse bestreuen und im Backofen auf der mittleren Schiene etwa 20 Minuten überbacken.

(auf dem Foto oben)

ROTBARSCHFILET IM TOMATENBETT

ca. 35 Min.

ca. 380 kcal

Für 2 Personen

- 300 g Rotbarschfilet
- 2 EL Zitronensaft
- 1 Bd. Dill
- 500 g Tomaten
- 1/2 TL Kräutersalz
- 1/2 TL geriebene Muskatnuß
- 50 g geriebener, mittelalter Gouda (45% Fett i.Tr.)
- 2 EL gemahlene Mandeln

1. Den Backofen auf 225 °C vorheizen. Das Rotbarschfilet waschen, trockentupfen und mit Zitronensaft beträufeln.

2. Den Dill waschen und fein schneiden. Die Tomaten über Kreuz einritzen, kurz überbrühen, abschrecken und enthäuten. Sie dann halbieren, entkernen und die Stielansätze herausschneiden. Das Fruchtfleisch würfeln.

3. Die Tomatenwürfel in eine flache Auflaufform (20 cm Ø) füllen. Sie mit der

Hälfte des Dills sowie mit etwas Kräutersalz und Muskat bestreuen.

4. Das Fischfilet ebenfalls mit Kräutersalz und Muskat würzen. Es auf die Tomaten legen und mit dem restlichen Dill bestreuen. Den Käse mit den Mandeln mischen und darauf verteilen.

5. Alles im Backofen etwa 20 Minuten auf der mittleren Schiene backen.

(auf dem Foto unten)

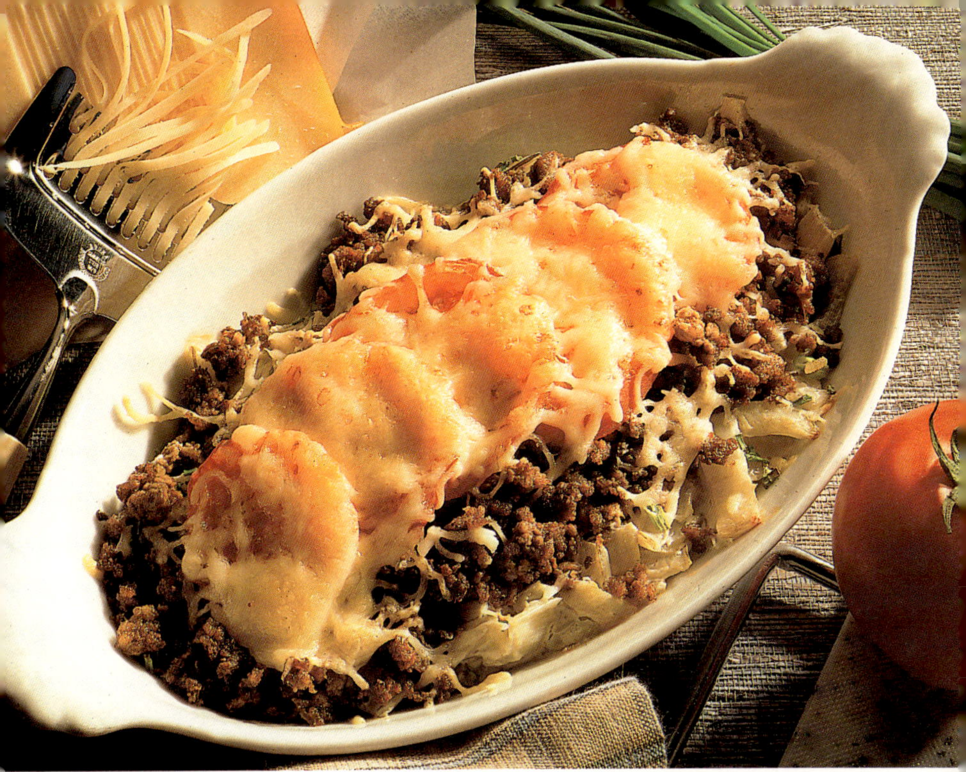

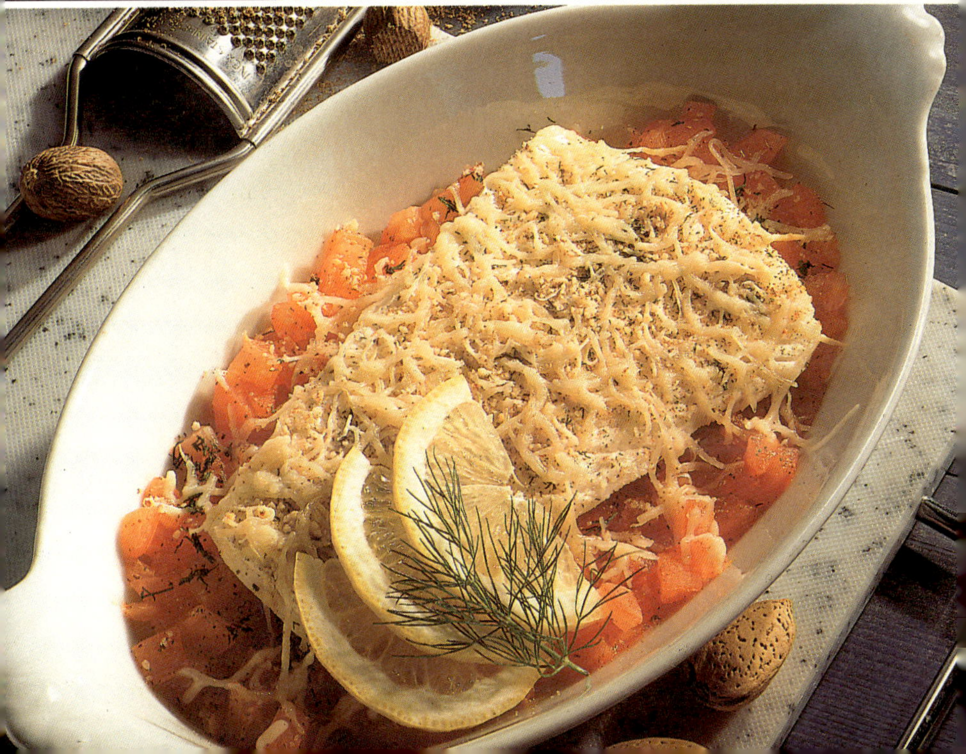

REZEPTVERZEICHNIS

Unser Tip

Hrsg.: S. von Küster
ISBN: 3-8068-**1851**-7

Hrsg.: S. von Küster
ISBN: 3-8068-**1852**-5

Hrsg.: M. Sauerborn
ISBN: 3-8068-**1950**-5

Von S. Carlsson
ISBN: 3-8068-**1952**-1

Hrsg.: E. Meyer zu Stieghorst
ISBN: 3-8068-**1948**-3

Hrsg.: E. Fuhrmann
ISBN: 3-8068-**1951**-3

Alle Bände durchgehend vierfarbig,
64 Seiten, ca. 50 Farbfotos, kartoniert.
DM 9,90

Der Spezialist für nützliche Bücher

Stand der Preise 1.6.1997 · Änderungen vorbehalten

Dieses Buch gehört zu einer Kochbuchreihe, die die beliebtesten Themen aus dem Bereich Essen und Trinken aufgreift. Fragen Sie Ihren Buchhändler.

Bei diesem Buch handelt es sich um eine gekürzte Ausgabe des bereits unter dem Titel „Trennkost leichtgemacht für Berufstätige" (4890) erschienenen Buches.

Dieses Buch wurde auf chlorfrei gebleichtem und säurefreiem Papier gedruckt.

Die Deutsche Bibliothek – CIP-Einheitsaufnahme

Trennkost – Gerichte für Berufstätige / Ursula Summ. –
Niedernhausen/Ts. : FALKEN, 1997
(Einfach gut)
ISBN 3-8068-1929-7

ISBN 3 8068 1929 7

Umschlaggestaltung: Peter Udo Pinzer
Gestaltungskonzeption: Horst Bachmann
Redaktion: Barbara Fleig
Umschlagfotos: FALKEN Archiv: TLC (vorne: „Gemüsespieße mit Sesamsauce" S. 21, hinten: „Salat mit warmem Ziegenkäse", S. 24)
Fotos: FALKEN Archiv: T+E, Creative Fotogr.: S. 2; W. Feiler: S. 5, 9; TLC: S. 1, 10, 12, 13, 15, 17, 18, 20, 21, 23, 25, 27, 29, 30, 32, 35, 37, 39, 40, 41, 42, 44, 47, 48, 49, 51, 53, 55, 57, 59, 61

Produktion: Dr. Reitter & Partner Verlag GmbH, Vaterstetten
Satz: Dr. Reitter & Partner Verlag GmbH, Vaterstetten
Druck: Offizin Andersen Nexö, Leipzig

817 2635 4453 6271